多様性を理解する、活かす教育実践

「竹早」×「多様性」でえがく未来

かける

東京学芸大学附属竹早中学校

［著］

東洋館出版社

# はじめに

　本校では 2018 年度より学校研究として多様性の教育に取り組んできました。多様化する未来を見据えた教育の充実という学校に求められる社会的な要請を踏まえ，本校がもともと持っている多様性を見直し，それを生かした教育を充実させようという考えのもと，「多様性を理解する」と「多様性を活かす」という研究の枠組みを設定し，全ての教科や総合的な学習の時間で授業実践を行ってきました。また，2020 年 2 月には公開研修会を開催して多くの先生方に見ていただくとともに，研究紀要などを通じて成果を世に問うてまいりました。2021 年度をもって，本校での多様性の教育の研究にいったん区切りをつけ，そのまとめとして本書を出版することとなりました。

　多様性の教育は，金子みすゞの有名な詩「私と小鳥と鈴と」の最後の「みんなちがって，みんないい」ということを共有することに尽きるのではないかと思います。「みんなちがう」ことを理解することは，「多様性を理解する」ことにほかなりません。また，「みんないい」という価値観は，多様性を受け入れ，それを生かすことに直結します。

　言葉で言えば簡単ですが，過去の歴史や目の前の現実を見ると，豊かな多様性を持ち，だれでものびのびと自己実現をはかることのできる社会を作り上げることは，決して容易なことではありません。さらに 2020 年から続くコロナ禍は「非常時」であるといわれ，「コロナとの闘い」という勇ましい言葉も飛び交います。そのような状況では，「多様性」という言葉はどうも旗色が悪くなりがちです。学校においても，感染対策を厳しくすると，一様な行動を求めたり，人との接触機会を減らしたりなど，多様性を実感できる場を減らさざるを得ません。しかし，そのような時だからこそ，多様性の教育の重要性が増しているのではないでしょうか。教科の学習や行事など学校のあらゆる場面において，多様性を重視していくことが，将来の多様性豊かな社会の実現につながっていくと思います。本書で書かれている実践が，そのためのきっかけを提供できれば幸いです。

　最後になりましたが，長年に渡り本校の学校研究を見守り，本書の鼎談にも参加いただいた多田孝志先生ほか，本研究に関わられたすべての皆様に，心より感謝したいと思います。

東京学芸大学附属竹早中学校長

藤本 光一郎

1

# 目　次

# 第3章

# 考察・展望編

# I

理論編

# 多様性（教育）研究の流れ

## 1. はじめに

　本章では，「多様性」という言葉そのものがどのような研究の系譜を辿ってきたのかを中心に，学校教育研究における位置づけを整理し，次章以降の本校の具体的な取り組みにつなげていきたい。そのため，本章では，学校教育にとどまらず，企業経営的文脈あるいは社会全体から複眼的に多様性研究の流れを追っていくこととする。

## 2. 教育史から見える教育の多様性概念

　学校において，多様性が指摘されたことの源流を探るため，以下では鈴木ら(2018)[1]のまとめた教育史ないし教育思想の枠組みから学校における多様性を捉えてみたい。そもそも学校という語の語源が，スコレーにあり，古代ギリシャにおいて「閑暇」を意味している。奴隷に労働を担わせ，その間に貴族たちは学問や芸術に専念した。つまり，教育は一部の限られた対象に向けられた閉塞性を持つ事象であった。一方で，一部の閉ざされた教育の中で現れてきた哲学的思考において，一様性を打破するものがある。「知は一部の権威者の独占物ではなく，その知をもつ人々によって異なるが故に，多種多様な知と見解が生まれるようになる」[2]という考え方である。ソフィストたちは，ある事象を複数の視点で捉えることを修練し，説得力を持って自らの主張を訴えていた。この点で，一様性から生じる多様性の受容や，真理の探究が古代ギリシャにおいても行われていたのである。

　同様に，古代ローマから中世ヨーロッパの教育も，閉鎖性を帯びた教育の構造に大きな変化はなく，キリスト教における布教活動の一環として限られた子どもが享受できる事象として位置づいた。ところが，聖書を読むことができずとも免罪符を購入すれば罪は赦されるという考え方に対立するように，罪を乗り越えることが可能なのは聖書に基づく信仰のみであるとして，誰もが教育を受けるべきであると一様性から多様性への転換が求められた。しかし，上記の対立は単なる見解の相違という範疇を超え，生死をかけた戦いとして激しさを増すものとなったことを受け，平和への手立てとして，教育が見出され，その中に多様性や寛容さが意味を持つ存在として結実したのである。これらの背景を踏まえ，鈴木らは，教育における多様性の尊重の意味について，社会の枠組みにはめることなく，多様な子どもが存在するという前提に，誰一人排除せず学びの機会を保障することにあると指摘する。

　また，鈴木らは哲学者アーレントの多面的思考について取り上げている。アーレン

トは，異質で多様な他者と生きる社会には，常に複数性の原理があることを指摘した。ところが，ナチスドイツを例に，全体主義が強く，思考を止めた社会になれば，複数性が消失し，社会は崩壊することを取り上げ，これに対し，教育では複数性を基盤にした働きかけが求められるとしている。

　一方で鈴木らは，教育における多様性の中に，ある種の限界があることも指摘する。それは，多様性を認めるという限定的な枠組みに依拠することが必要とされ，一様性を持たざるを得ないのである。また，全ての人に機会を与え，差異化させない公教育だからこそ生じる一様性もある。これらの構造を踏まえ，学校教育のあり方を模索する必要性を鈴木らは指摘する。それは，多様な事物，事象から人間の生き方について，しなやかに哲学することを保障できる場所の創造が今まさに教育に必要とされているという指摘である。

## 3.　企業経営戦略に見る「多様性」の認識

　次に，上述した教育史からの示唆を前提に，現代社会における「多様性」に関わる認識について整理したい。「多様性」が言葉として認知され始めた時期には日本と諸外国とで差異がある。例えば，企業の経営的な動きから多様性の議論および定義をまとめた谷口（2005）[3]によれば，1960年代のアメリカで，いわゆるマイノリティの人々（女性や少数民族など）が，企業において雇用機会に恵まれない差別的な扱いをされてきたことに議論の発端を見出している。差別的扱いを受け，雇用機会均等や組織におけるマイノリティの地位を改善する法律が定められることになった。そのため，企業は排除してきた対象を受け入れることを社会から要請されたのである。このように始まった，ダイバーシティの議論から，多様性の当初の定義は米国雇用機会均等委員会の定めた「ジェンダー，人権・民族，年齢における違いのことをさす」[4]と谷口はまとめている。ところが，企業ではこれまで排除してきた対象を組織に入れざるを得ない状況となり，従来の企業文化と反するあり方が社員のコミュニケーション不全などの問題を生じさせた。他方，市場や顧客ニーズの多元化も相まって，変化する社会に対応しきれない企業もあった。

　こうした中で出てきた考え方が，多様な人材をマイナスに捉えず，価値として認識し，多様な人材を活かしていこうとするものであった。90年代に入り，この価値観が重要性を増し，多様性を単なるダイバーシティとして置き換えるのではなく，ダイバーシティ＆インクルージョンとして「活かす」という価値観を強調するものとなった。このインクルージョンについて，荒金（2013）[5]は次のように述べている。「『インクルージョン』には，含有，包含，（社会的）一体性などの意味があります。多様性が真に組織の力となり効果を発揮するためには，単に多様な人材を増やしたり尊重したりするだけでは不十分で，異なる価値観をもつすべての人を受け入れ，それぞれ

が対等にかかわり合いながら相乗効果（シナジー）を生み出すことが重要です」[6]こ
こから得られるのは，「多様性を活かす」ことが社会を変革させる重要な価値観と
なったことである。ここまでは，多様性について，やや手段論的な語気が強いように
思えるが，多様な人材を価値あるものとして認識し，これまでの企業文化を内省させ
ることを踏まえると，多様性には「尊重」や「理解」という側面も含意していると考
えられる。この点について，詳細は次章以降に譲りたい。

# 4. 日本社会における潮流と学校教育への充満

　こうして多様性の議論が徐々に社会全体で行われてきたが，最近ではテレビCM，
教育政策など，至るところに多様性という言葉を見かけるようになった。しかし，こ
こで浮上するのは，「社会はそもそも多様」「なぜ今になって多様性なのか」という指
摘である。だとすれば，日本社会あるいは日本の学校教育における多様性の位置づけ
を整理する必要がある。

　まず伊井（2015）[7]によると，1960年代から1970年代にかけて，アメリカやオー
ストラリアでは，多様性へのネガティブな捉え方があったが，多文化主義教育の現れ
（1980年から1990年前半）とともに，「先住民や移民などの母語や伝統言語や文化を
継承する取り組み」[8]が生じ，1980年から1990年代前半に出てきた多文化主義教育
にみられる「多様性を尊重する」という考えへの転換がある。また，2000年以降に
は，インクルーシブ教育が登場し，子どもの多様なニーズに応じた教育のあり方が議
論され始めている。

　一方，日本では，インクルーシブ教育の流れを受け，特別支援教育が中心となり多
様なニーズに応える教育が進んできた。加えて，日本企業における女性の社会進出の
少なさが国際的に批判を招いたこと，少子高齢化が顕著になったことが要因となり，
2000年以降になって初めて本格的に多様な人材を導入するに至ったことが荒金
（2013）の指摘から分かる。これに付随するように，外国人労働者の増加など，徐々
に日本の学校現場も多様なニーズを抱えてきたと考えられる。

　その中で，個の多様性と集団の多様性の両方に視点を当て，多様性を肯定的かつ積
極的に活用することの重要性について伊井は次のように指摘している。「子どもの観
点では，学習プロセスの多様化が想定される。狭い意味での『知識・学力』を超え
て，他者との協働性や問題解決に向けてのコンピテンシーを修得するためには，多様
な背景をもつ子ども同士が力を合わせて，学び続けなければならない」[9]

　つまり，グルーバル社会における多文化の内在に伴う課題や，異文化を持つ多様な
他者との学びにのみ視点を置くのではなく，学習プロセスという点でも学びを広く捉
え直していく必要性を訴えている。この点について，OECD教育研究革新センター
は，移民を背景とした課題対応からみた教師教育についての議論を整理し，以下のよ

うに多様性の定義を述べている。「発達の可能性を広げ，学習を促進するものであり，文化的，言語的，民族的，宗教的，そして社会経済的な相違を含むもの」[10]

　この定義から，多様なものを学習の促進材として位置づけ，さらには学習過程そのものを教育的意義として捉え直すと，多様性と教育の接点を見出せそうな予感がある。しかしながら，OECD が合わせて指摘するのは，多様性と格差の差異についてである。ここでは，「個人の特徴が異なる結果や異なる扱いに結びついたとき，多様性は格差となる」[11]としているように，人々が異なりを認識した時，それを容認できるか否かが大きく関わっている。ゆえに，社会全体や，個人に内在する価値観によって，ある種の道徳性も帯びていることは認識しておきたい。そして，社会の変動とともに新たな価値として生み出されるものもあれば，一方で排除されるものも生じ得ること，これらはグラデーションであるからこそ，辞書的な多様性の定義にとどまらず，何を中核に据えるのかを常時検討していくことが求められる。

# 5.　日本の学校教育における多様性の必然性と蓋然性

　ところが日本の学校教育では，「多様性はすでに学校にある」「授業に多様性があることは当たり前」など，「多様性は今更問題にならない」という認識が蔓延していることも事実である。こうした意見も一理ある。それは，個性を伸ばしたり，異なるものを教師が解釈する余地があるからこそ，集団で学ぶ意味を見出せるという側面や、一方で指導内容や方法の均質性が学校の機能であるという側面を学校は潜在的に持っているからである。従って，多様性と現在の学校教育の実態は，ある種の矛盾を孕み，あらゆる課題がひしめき合う混沌とした状態にあり，上記のような「今更感」が表出することは多分に想定されることなのである。

　しかし，学校教育における諸課題によって，従来の内容や方法を変えざるを得ない局面に移っていることを自覚する必要がある。不登校，いじめ，貧困，ヤングケアラー，新型コロナウイルス感染症の蔓延，自傷，自死など，これまでにも課題とされてきたものが，再浮上したり，より顕在化したことは言うまでもない。ここに，外国人労働者の子どもの増加や学力保障，異文化間のコミュニケーション不全などの多文化共生に関する課題がかけあわされるように，あらゆる地域で顕在化してきているのである。その意味で，多様性が学校教育で問われる必然性は，決して特定の地域に限定されたものではなく，むしろ日本社会全体にあるだろう。

　こうした状況から，教科教育を中心に，徐々に多様性に視点を置いた実践研究が蓄積されていることも事実である。例えば，教師自身が多様性をどう認識しているかを問題にした，矢野（2020）[12]は保健体育における性教育の実態に警笛を鳴らし，教師の意識改革や指導法のあり方に着目した研究を行っている。あるいは，田中・藤浪（2020）[13]のように，理科における動物の運動器官の違いについて，共通性と多様性の

観点から，運動器官への理解を深める実践もある。また，教材としての多様性に着目し音楽科において，生活様式や信仰などパーソナルな文化の尊重や理解を狙った磯田 (2016)[14]の研究も蓄積されている。加えて，より個人の価値観や感情，捉え方などに多様性を見出し，その違いそのものが学習内容に位置づいたり，その違いをどう活かしていくかを狙った授業も散見される。これらの実践から，ある種，学校教育で必要なことを哲学し，教科教育の研究的枠組みを超えていくものとして参考にしたい。

　一方で，負の側面として捉え直したい学校教育の蓋然性に触れておきたい。それは，これまで研鑽してきた教育や，「例年通り」の良さを会得してきた学校の性質そのものである。学校は，同質的なものを生み出しやすいが故に，変革を求めたり，立ち止まり省察することを拒絶しがちである。当然，子どもたちの学びを支える真面目さを持つ教師は，努力を重ねてきたことに疑いの余地は微塵もない。しかし，あえて客観的に述べると，学校や教師が持つ性質の根幹は先に整理したことを含め，近代社会の中でさほど大きく変化してきたとは言えないのである。だからこそ，学校教育を捉え直すために，「多様」な視点で，まさに複眼的に認識する契機がこの多様性の教育には存在している。

## 6. 今後の学校教育における多様性が持つ意味

　先にも述べたように，多様性の教育が持つ意味は，複眼的な思考にある。ゆえに，単なる外見だけの違いを学習内容として取り上げるにとどまらず，学習方法や個人が持つ価値観やものの見方などの内在的な違いを活かした学びに注目することもあるだろう。

　他方，教師自身にも着眼すべきである。特に，中学校教師は，専門教科を持ち，自らの経験を元に授業を展開していく性質を持っているからこそ，専門性を追求する過程で多様な知識や考え方，教育方法を大事にしたい。その点で，学校教師が他職種と協働していくことが求められる。よりよい教育を追求するには，学校が持ち得ない視点で課題を指摘してくれる他者の存在が不可欠なのである。地域の企業，地方公共施設，大学などの教育機関と連携していくことで初めて見えるものがある。

　さらには，子どもや保護者とともに教育活動を創り上げること自体も大切にすべきだろう。例えば，職員会議に子どもや保護者も参加してみるとか。学校的な常識からすれば，あり得ないと思われるかもしれないが，子どものことを話す時に，その場に子どもがいない状態自体が抱える課題は大きい。この脱常識的な発想に至ることそのものが，複眼的な思考をもたらしうる多様性の教育の根幹であると考えて良いのではないか。

　また，営利を目的としない学校の性質上，組織のあり方や戦略について企業的な論理を遠ざけるあまり，教育思想としての柱が漠然としたままになることがある。ゆえに，社会における学校は，何かを受注したり委託される場にはなっても，発信したり

提供する存在になりづらい。これが，「社会の後追いになる学校」という構図であろう。だとすれば，学校が抱える不登校やいじめなどの分断は，常に後手に回る対応となりかねない。だからこそ，学校の中に多様性が存在する意味は，社会との接点の中で捉え直される必要がある。子どもの学びを支える仕組みづくりに，企業と学校が協働的に働きかけ合うことが求められている。ここに多様性の教育の一つの意味がある。

　ただし，教育では時に「役に立たない」ことの意味も大切にしたい。社会に出たら役に立つ，将来のためにという有用性が教育の内容や方法に位置づくことが近年加速している。この風潮が蔓延していることに多様性のさらなる意味を見出せる。有用性について裏を返せば，「無用」と解釈されたものは否定され排除される性質を孕んでいる。そうして人々の主観による解釈が蔓延ると，各々の世界に都合の悪いものは排除すべきという思考に陥り，迫害の歴史を繰り返す構造となりかねない。一方で，多様性は重要である，尊重されるべきだという論調そのものも，有用性の論理からするとストレスに変容する可能性を常に持ち得てしまう。だからこそ，学校教育における多様性の難しさや可能性が混在し，議論が意味を持つのである。

（文責：齋藤　貴博）

**引用・参考文献**
1 ）鈴木晶子・山名淳・駒込武　編著，高見茂・田中耕治，矢野智司，稲垣恭子　監修『教職教養講座　第 2 巻　教育思想・教育史』，2018，協同出版．
2 ）同上，p59．
3 ）谷口真美，『ダイバシティ・マネジメント―多様性をいかす組織―』，2005，白桃書房．
4 ）同上，p.39．
5 ）荒金雅子，『多様性を活かすダイバーシティ経営―基礎編』，2013，日本規格協会，p.71．
6 ）伊井義人 編著，『多様性を活かす教育を考える七つのヒント　オーストラリア・カナダ・イギリス・シンガポールの教育事例から』，2015，共同文化社．
7 ）同上，p.13．
8 ）同上，p.12．
9 ）OECD 教育研究革新センター 編著，斎藤里美（監訳），布川あゆみ・本田伊克・木下江美・三浦綾希子・藤浪海（訳），『多様性を開く教師教育―多文化時代の各国の取り組み』，2014，明石書店，p.31．
10）同上，p.32．
11）矢野正，「学校教育における『性・ジェンダー』に関する指導法研究（Ⅱ）―人権教育と教科書検定，大阪府の教員の意識改革から―」，2020，人間教育 3 巻，9 号，p.193-p.201，奈良学園大学人間教育学部．
12）田中伸也・藤浪圭悟，「共通性と多様性につながる骨と筋肉の働きの学習：カニの観察による実践」，2020，中等教育研究紀要／広島大学附属福山中・高等学校 .60 巻，p.168-p.176，広島大学附属福山中・高等学校．
13）磯田三津子，「社会的公正をめざす音楽授業と教師の役割―米国の音楽教育における子どもの民族的多様性をめぐる論考を通して―」，2016，日本教育方法学会紀要『教育方法学研究』第 41 巻，p.25-p.35，日本教育方法学会．
14）川口広美・高松尚平・玉井慎也・両角遼平・青本和樹・篠田裕文・真崎将弥・久保美奈・奥村尚，多様性理解をめざした日本史授業開発：単元「満州事変期における新聞の論調変化とジャーナリズム論」の場合，2020，学校教育実践学研究，26 巻，p.21-p.28，広島大学大学院教育学研究科附属教育実践総合センター．

# 「多様性の教育」の
# 研究の目的・経緯・意義

## I　研究の背景と目的

　現代は変化の激しい時代といわれている。そして，その変化は，今後さらに急速に進み，現存しない仕事に就いたり，技術を使ったり，これまで直面しなかったような問題を解決したりすることが求められるようになるという[1]。実際，新型コロナウイルス感染症の拡大により，このことが現実のものとなり，日常の急激な変化と先が見えない日々の中で，いかにして生活を進めていくかを考え，行動することが求められている。こうした急速に変化する社会に対し，我々は，子どもたちにどのような力を育むことが必要なのだろうか。

　この問いに対し，本校では，近年，多方面で盛んに議論されている「多様性」に着目している。それは次の3つの理由による。

　1つは，「多様性」に対応する力が変化の激しい社会において必要かつ主要な力になると考えるからである。グローバル化や価値観の多様化が進むこれからの社会では，様々な文化や価値観，行動様式をもった人々と共生することが求められる。自分の価値観だけでなく，他者の価値観やその背景を踏まえながら，協働したり，問題を解決したりすることが必要になる。こうした多様性を認め，活かすことができる力は，変化に柔軟に対応するための基盤になると考える。

　2つ目は，竹早中学校がもともと多様性の土壌をもつからである。例えば，竹早中学校の生徒の出身小学校は，附属竹早小学校と附属大泉小学校，外部の公立小学校等と多様で，その出身地は一都三県に渡る。また，生徒の半分が卒業する竹早小学校では，小学校1年生から6年生までの縦割り班活動を伝統的に行っており，竹早小学校出身の生徒は，異学年の多様性の中で育ってきている。さらに，幼稚園と小学校，中学校が一つの敷地の中にある竹早地区では，長く幼小中連携教育研究に取り組んでおり，異校種の交流や合同授業を盛んに行うなど，多様な子どもと多様な学校文化の中で実践を重ねてきた伝統もある[2]。このように，竹早中学校は，多様な文化や経験をもった生徒が共生し，その中で創造され，受け継がれてきた文化と伝統の上に成り立っている。こうした特徴を活かすことにより，一層特色のある研究が展開できると考えた。

　3つ目は，東京学芸大学との連携プロジェクトである。本校は，2017年度より東京学芸大学が自治体と附属学校と連携して進める「附属学校等と協働した教員養成系大学による『経済的に困難な家庭状況にある児童・生徒』へのパッケージ型支援に関

する調査研究プロジェクト」[3)]に参画し，昨年度からはその継続プロジェクトである「子どもの社会資源格差を乗り越える教育協働システムに関するコンソーシアム型研究開発プロジェクト」に参画している。この一連のプロジェクトの目的の一つは，深刻化する「子どもの貧困」問題を背景に，経済的に困難な状況にある児童・生徒を，教育の立場から支援する方策を開発することである。こうしたプロジェクトに参画する中で，経済的多様性の側面から教育について考える機会に恵まれたことも，多様性に着目するきっかけとなった。

　以上を背景として，本研究の目的は，多様性の社会に対応できる生徒を育てるための授業づくりの視点とそれに基づく授業開発を行うことである。

## Ⅱ　研究運営

　研究は，研究部が研究の計画や内容の提案をつくり，その提案を全教員で検討するという形で進めている。提案をつくる研究部会は，6 名で構成され，月に 2 回ほど開かれ

図 1　研究運営

る。一方，提案を検討する職員会は，全教員で構成され，月に 2 回ほど開かれる。両者の関係を図示すれば，図 1 になる。

　図 1 のように，研究部がつくる提案を職員会で検討し，そこで出た意見を受けて再度研究部で案を練り直すというサイクルを繰り返して，研究を進めていくという研究運営である。

## Ⅲ　研究の経緯

　こうした研究体制をもとに，次の手順で研究を進めてきた。まず，「多様性の教育」がめざす生徒像を設定することから始めた。これは，研究対象である「多様性の教育」の目標を全教員で共有するためである。次に，「多様性の教育」を考えるための基本枠組みを設定した。そして，設定した枠組みをもとに，多様性に対応する力の育成を意図した授業を開発し，その有効性を検討する。以下では，これらの研究経緯を示していく。

### 1　めざす生徒像

　「多様性の教育」の研究を進めるにあたり，「多様性の教育」が何をめざすのか，その目標を検討した。目標は，教員間で共有しやすくするために，具体的な「生徒像」の形で，次のように設定した。

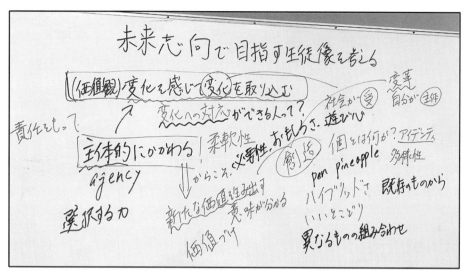

**図2　未来志向の観点から「めざす生徒像」の議論**

*他者との違いを価値あるものとして理解し生かして，共生社会を創り続ける生徒*

　生徒像の設定の過程は，まず Society 5.0[4)]，Education2030[1)]で述べられている未来志向の社会的要請を検討し，その観点から生徒像を吟味した（図2）。そして，本校の教育目標と現状の観点からも吟味し，「竹早中学校の強み・弱み」「今後伸ばしていく必要があること」について全教員で話し合った。図3は，そのグループ議論の記

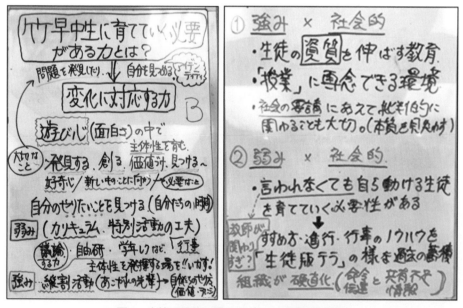

**図3　本校の現状に関するグループ議論の記録**

14

録の一例である。こうした様々な観点からの議論を通して，「多様性の教育」の目標の共有を全教員で図りながら生徒像をつくっている。

## 2 「多様性の教育」の基本枠組みの設定

### (1)「多様性を理解する」と「多様性を活かす」

　一言に「多様性の教育」といっても，どのような視点から考えればよいのだろうか。単に多様なものを認め，受容するということでよいのだろうか。「多様性の教育」の研究を始めるにあたり，まずこうしたことが問題になった。この問題に対し，まず，企業経営の文脈と教育の文脈における多様性に関する先行研究を検討した。前者に焦点を当てる理由は，多様性の議論の発端が企業経営の文脈にあり，そこでの多様性の捉えが「多様性の教育」を考える上での有力な手がかりになると考えたからである。

　企業経営の文脈における多様性の議論をみると，社会の変化に伴い，多様性の捉えが変容している様相が確認できる。「多様性を受容する」という考えから，価値あるものとして積極的に「多様性を活かす」という考えへの変容である。これは，いわば多様性をマイナスのものとする見方から，社会の発展のために活かすべきプラスのものとする見方への発展ともみることができる[5)6)]。「多様性」を意味するダイバーシティという言葉に，「包摂」「包含」を意味する「インクルージョン」という言葉が加わった「ダイバーシティ＆インクルージョン」という言葉が生まれたことは，まさにこのことを象徴しているといえよう。

　一方，教育の文脈でも，「多様性を活かす」という考えはみられる。「子どものよりよい学び」のために多様性を積極的に活かそうという考えである[7)8)]。

　以上の検討から，「多様性の教育」の基本的枠組みとして「多様性を理解する」と「多様性を活かす」を設定した。前者は，多様性を理解することに焦点があり，多様性が学ぶ「対象」として位置づく。これに対し，後者は，教科の学びを深めるために多様性を活かすことに焦点があり，多様性が学びの「手段」として位置づく。両者の違いは，端的にいえば，「多様性」を学ぶ「対象」とみるか，「手段」とみるかにある。

　ここで確認しておきたいことは，両者の関係について，「理解する」が先にあり，それから「活かす」という序列を想定しがちだが，そうではなく，両輪の関係として捉えたいということである。多様性を「活かす」には「理解する」ことが必要になるであろうし，逆に「活かそう」とすることで「理解する」こともありうると考えられるからである。従って，授業づくりでは，便宜上，授業のねらいに応じてどちらかに重点を置くが，実際には，両者は密接に関連しており，両方の視点から柔軟に実践を考えていくことが重要と考える。

### (2)「多様性を理解する」「多様性を活かす」授業像

　では，「多様性を理解する」「多様性を活かす」授業とは，具体的にどのようなもの

であろうか。その具体的な姿を求めて，ここではこれまでの授業実践を各枠組みの視点から検討してみる。検討対象の実践事例は，「多様性を理解する」が社会科の難民問題に関する実践であり，「多様性を活かす」が国語科の小中合同による物語創作の実践である。いずれも，もともと「多様性の教育」を意図したものではないが，多様性の要素を内在していると考えられたため，検討対象とした。

### ①「多様性を理解する」実践の検討
#### 〜ヨーロッパ難民問題を考える社会科の授業〜

検討した実践は，ヨーロッパの難民問題を扱った社会科の授業である。難民問題それ自体が人種，国籍，文化等の様々な多様性を含んでいるが，授業のねらいは，「難民の受け入れ」の問題の賛否を議論させることを通して，難民問題を多面的・多角的に考えさせることであった。授業者に，この授業において理解させたい多様性は何かと問うと，「子どもがもつ考え・意見・立場の多様性」と特徴付けた。

検討では，多様な考えや立場の存在を知ることが生徒にとってどのような意味をもつのか，そもそも考えや立場の多様性を理解するとはどういうことかといったことが話題になった。一般的にいえば，多様性の文脈でよく話題になる国籍や身体的特徴，LGBT等について，単にそういった事実があることを知れば多様性を理解したことになるのか，そもそも多様性を理解するとはどういうことかに関する問いである。

これについて，次のような議論になった。それは，こうした多様性に関わる問題の背景にある「多様性に対応する力」に眼を向けることが重要であり，その育成が「多様性を理解する」授業において真にねらうことではないかという議論である。そこで，授業者に，本授業における「多様性に対応する力」を求めたところ，「多様性の社会における生き方の戦略（ストラテジー）」と「共生的な態度（平和の視点）」を挙げた（図4）。

将来，生徒が直面する社会は様々な多様性に溢れ，国籍や身体的特徴，LGBTといった多様性に関わる全てのテーマを授業で扱うには限界があるだろう。とすると，様々な多様性の問題に通底する，ある種の汎用的な力を検討し，その育成を考えることが必要である。多様性の社会に対応するために必要な汎用的な力とは何か。またそれをどのように育むのか。「多様性を理解する」授業を構想する上での重要な視点といえる。

### ②「多様性を活かす」実践の検討〜小中合同で物語を創作する国語科の授業〜

検討した実践は，小中合同で行われた国語科の授業である。小学校第2学年と中学校第1学年でグループを組み，1つの物語を創るという内容である。グループ活動では，小学生，中学生それぞれが創作する物語のアイデアを出すのだが，小学2年生の発想は，中学1年生の発想とはかけ離れており，中学1年生にとっては，いかにして小学生のアイデアを活かして物語を創るかが課題となった（図5）。

先述したように，「多様性を活かす」目的は教科の「学びを深める」ことであり，

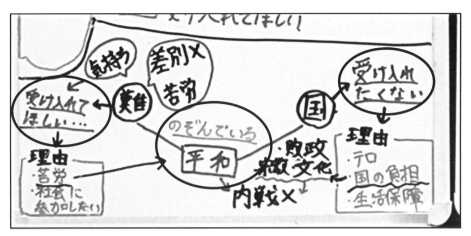

図4 授業で見られた難民受け入れに対する対立した考えを結び付ける「平和の視点」（丸囲み強調筆者）

「多様性」はそのための「手段」である。この視点からみると，本授業は，中学1年生と小学2年生という異学年に由来する「発想や考えの多様性」を「手段」に，物語創作に関わる生徒の「学びを深める」授業とみることができる。実際，授業者によれば，小学生が入ることにより，中学生だけでは出てこないような発想が入り，それをどのように活かすかを考える過程で，これまで以上の活発な議論や試行錯誤が起こり，物語創作を深めていったという。小学生の発想が，中学生に「それをいかにして物語に活かすか」という課題を生み，その課題を解消する過程を通して学びを深めていったと考えられるのである。特に，小学2年生と中学1年生では年齢差が大きいため，発想の差も大きく，それを埋めるのは大変だったが，その分生徒はよく考え，学びの深まりにつながったと授業者は述べる。「多様」というとき，その異なりの程度が学びの深まりに影響しうることを示唆する指摘である。

図5 物語の創作について話し合う小学生と中学生[9]

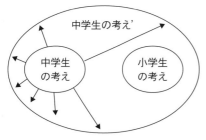

**図6　小学生の考えを包含する学びの深まり**

本授業のこうした多様性を活かした学びの深まりのイメージを図に表すと，図6になる。「中学生の考え」は，「小学生の考え」を取り入れようとすることで，それを含むように考えを広げ，「中学生の考え'」となる。この広がりが「中学生の考え」の深まりである。

「多様性」が存在するということは，そこには「異なるもの」との比較がある。本実践では，生徒は，小学生の発想という「異なるもの」との比較において共通点や相違点を見出し，考えを深めていった。また，異なる程度が学びの深まりに影響しうることも示唆された。これらのことを踏まえると，授業のねらいに応じてどのような「異なるもの」を比較させるかが，「多様性を活かす」授業構想において重要な視点になるといえる。

### 3 「多様性の教育」の授業開発

以上の検討を基礎に，「多様性を理解する」「多様性を活かす」の授業開発に取り組んできた。授業開発は全ての教科で取り組んでおり，その実際は，後掲の実践編を参照されたい。各実践では，先に述べた「多様性に対応する力」の具体も提案している。これについても併せてご検討いただきたい。

## Ⅳ　本研究の意義と今後の課題

多様性に関わる先行実践を調べると，文化や身体的特徴，LGBT 等の個々のテーマに焦点が当たってはいるものの，それらを包括的に捉え，教育の文脈において「多様性」をどのように捉え，多様性に対応するためにどのような力を育むべきかについて，必ずしも十分に議論されていない現状が確認できる。これに対し，本研究は，多様性の教育の一つの立場として「多様性を理解する」「多様性を活かす」を示し，それに基づく授業を提案しており，ここに本研究の独自性と新規性，意義があると考えている。実際，「多様性を理解する」「多様性を活かす」の視点から先行実践をみると，多様性が学ぶ対象であったり，教科のねらいを深めるための手段であったりと混在しており，それらの違いが必ずしも認識されていない実態が確認できる。多様性を授業にどのように位置づけ，生徒にどのような力を育むのか。本枠組みは，「多様性の教育」に関する授業づくりの一視点を提供するものと考える。

一方で，課題もある。1つ目は，本研究における「多様性」の捉えの明確化である。個々の特定のテーマに関する多様性ならば，その捉えはある程度定まるだろうが，包括的な立場に立つと，多様性をどのように捉えるかは難しい問題である。これ

については，社会的な要請，すなわち未来志向の教育目標との関わりも深いと考えられるため，そうした観点からの検討も必要と考えている。2 つ目は，授業実践をさらに蓄積し，実践に基づく「多様性の教育」の理論を構築していくことである。

（文責：小岩　大）

**引用・参考文献**
1 ）OECD，「OECD Education 2030 プロジェクト」
　　https://www.oecd.org/education/2030/OECD-Education-2030-Position-Paper_Japanese.pdf（最終確認日 2019 年 5 月 2 日）
2 ）東京学芸大学附属幼稚園竹早園舎・竹早小学校・竹早中学校，『子どもが輝く―幼小中連携の教育が教えてくれたこと』，2018，東洋館出版社.
3 ）東京学芸大学パッケージ型支援プロジェクト，『附属学校等と協働した教員養成系大学による「経済的に困難な家庭状況にある児童・生徒」へのパッケージ型支援に関する調査研究プロジェクト 平成 29 年度報告書』，2018.
4 ）内閣府，「Society 5.0―科学技術政策」
　　https://www8.cao.go.jp/cstp/society5_0/index.html.（最終確認日 2020 年 1 月 11 日）
5 ）谷口真美，『ダイバシティ・マネジメント－多様性をいかす組織』，2005，白桃書房.
6 ）荒金雅子，『多様性を活かすダイバーシティ経営 基礎編』，2013，日本規格協会.
7 ）多田孝志，『対話型授業の理論と実践―深い思考を生起させる 12 の要件』，2018，教育出版.
8 ）伊井義人 編著，『多様性を活かす教育を考える七つのヒント』，2015，共同文化社.
9 ）図 5 の授業は 2018 年 1 月に実施されたものである。
10）齋藤貴博，「多様性の教育」における先行研究の検討，東京学芸大学附属竹早中学校研究紀要 第 59 号，2021，pp.47-52.
11）小岩大，「多様性の教育」に関する研究，東京学芸大学附属竹早中学校研究紀要 第 59 号，2021，pp.43-48.

# Ⅱ

## 実践編

# 句会を開こう
## ―フリー俳句，アンサー俳句，テーマ俳句―

───────┤ 多様性を活かすイメージ図 ├───────

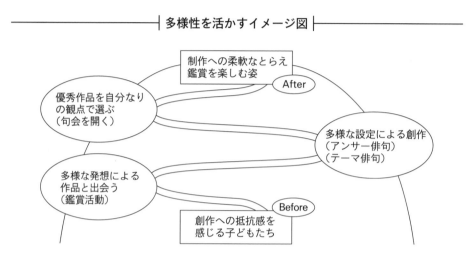

**Before** 俳句創作と俳句鑑賞の経験が乏しく，楽しさを実感しにくい状態

**After** 多様な俳句創作の経験により，俳句を身近に感じ，鑑賞しながら面白さを自ら見出していける子どもたち

## 国語科としてのねらい

〇言葉の使い方の適否・美醜などに関わる言語感覚を豊かにすること。

〇鑑賞活動を通じて，他者の作品の良さや工夫に気付き，自分の意見を言語化できるようにすること。

## 多様性を活かす視点

〇自分の物の見方・考え方を自覚し，他者の物の見方・考え方との共通点や相違点に気付き，その良さを認め合えるようになること。

## 実践の流れ　（全 5 時間）

### ①第 1 時　俳句作品の鑑賞をする

　俳句の決まりごとや特徴について共有した後で，教科書（三省堂出版）掲載の「俳句十句」を鑑賞し，俳句の味わいにふれる。お気に入りの作品を選び，暗誦する。

〈俳句の決まりごとや特徴〉

---

・五・七・五の定型詩である。

・季語を入れる。

・極力無駄を削ぎ落としていく。

・五感を刺激することで，読者に追体験をさせることができる。

---

### ②第 2 時　フリー俳句を創作する

　第 1 時で学習した内容をふまえて，俳句を創作した。作った俳句は短冊での提出に加えて，Google フォームへの投稿もすることとした。

　俳句の創作は小学校以来という生徒も多く，苦戦する生徒も多くいた。授業ではタブレットを用いての検索も可とした。

### ③第 3 時　アンサー俳句を創作する

　第 2 時で作られた俳句に対して，アンサー（応答）となる俳句を創作する。学年全員分の俳句をプリントで配布し，その中でアンサー俳句を寄せたい作品を選ぶ。和歌の世界での「返歌」を紹介し，相手の想いへの共感や自分だったら同じ題材でこう詠む，ということでアンサー俳句を創作した。

### ④第 4 時　テーマ俳句を創作する

　教室全体で一つテーマを定めて，そのテーマに沿った俳句を詠みあった。短期間に俳句の創作を重ねてきているので，スムーズに言葉を編み込める生徒がかなり見られるようになっていた。選ばれたテーマは「制服」「卒業」「おにぎり」「オンライン」。抽象的なテーマよりも具体物をテーマとした方が詠みやすいという声が多く見られた。

### ⑤第 5 時　句会を開こう

　これまでの「フリー俳句」「アンサー俳句」「テーマ俳句」を全てプリントにして配り，それぞれの部門毎の優秀作を選出した。それぞれに自分が選出した理由を，後日，各部門の最優秀作品を展示する際に作品に寄せられたコメントとして一緒に掲示した。

## 子どもの姿・エピソード

　俳句作りは小学校で経験してきている生徒がほとんどだったが，むしろその学習経験が，「俳句＝面倒くさいもの」という抵抗感に結びついてしまっているケースが少なくなかった。そこで今回の俳句作りでは，希望者はタブレットを使用できることとした。Web上の俳句作成ツールを活用したり季語を調べたりするなど，ICT機器を援用しながら，苦手意識をもっていた生徒も無理なく俳句作りに取り組むことができていた。

　学年全員の俳句をプリントにして配ると，普段それほど国語に熱心に取り組むことのなかった生徒もじっくり読みふけっていた。生徒同士の学び合い，響き合いを引き出すのに，生徒が互いに表現者の立場となることは大事なのだと実感した。その際の教材として，俳句のような定型詩は，互いの感性や着眼点，言葉の選び方のセンスを比較し合うのに丁度良い題材だと言える。アンサー俳句作りの活動はもとより，ほかの生徒作品に対して，「この言葉のチョイス良い」や「この感覚共感できる」と近くの生徒同士で会話しながら読んでいる姿が多く見受けられた。

### 総合部門　最優秀作

> ## 歩き出す泰山木に別れ告げ

〈寄せられたコメント〉

- シンプルな俳句の構成だが「泰山木」という言葉にとても竹早中の生徒らしさがでている。十一年間ここで竹早生活を送ってきた私にとっては，とても思い入れのあるものなので，卒業を改めて実感できるこの句を選んだ。
- 泰山木は自分的には竹早のイメージがあり，その泰山木を卒業と結びつけていたので良いと思った。
- 竹早だからこその泰山木なのが良いと思った。
- 慣れ親しんだ木に別れを告げるというところから卒業することを表すと共に，上五で前向きな心情を表して間接的に伝わってきて想像がつきやすい。
- もうすぐ卒業だから。
- 卒業というのが強く伝わってきて心にきた。
- 竹早中学校のシンボルとなっている泰山木との別れから卒業を連想させていておもしろいと思ったから。
- 竹中を泰山木として表して別れを告げていることがとても良いと思った。
- 泰山木という竹早中学校の象徴を季語としても使っている。「歩き出す」で「進路の道」を連想させる巧みさ。
- 学校や竹早と表さず「泰山木」と書いているのが良い。

### アンサー部門　最優秀作

> 「やってやる」寒さか怖さか震える手
> 「やってやれ」カイロ握らせ背中押す

〈寄せられたコメント〉

- 友達にたくさん応援してもらったことを思い出した。「やってやる」という言葉に「やってやれ」と返していて，震える手に対してカイロで返して，最後は応援しているのがいいと思った。
- 元の俳句の「やってやる」とアンサー俳句の「やってやれ」の呼応がすばらしく，リズムも合っている。また，元の俳句は受験をする本人が思うことに対し，アンサー俳句は親や塾の先生が思うことなので主体が変わることがおもしろい。
- もともとの俳句は実際に受験に向かう子供の視点でかかれている。それと比べてこの句は子供を見送る親の視点に切り替わっているため，同じ時をこの二人の感情が混ざり合っていたんだろうなと思い，面白いと感じたから。
- 「やってやれ」という表現が力強くとても印象的だった。
- 『「やってやる」怖さか寒さか震える手』は自分の視点からなのに対して，アンサーは逆に自分が送りだす視点にいるのが成長していく姿を感じた。
- 元の俳句が受験をひかえた自分で，アンサー俳句がそれを応援する親のように取りました。アンサーは親視点になっているので「やれ」「らせ」「押す」などの言葉を使っているところが工夫されていると思いました。
- 子→親への心情の変化を一文字だけ変え秀逸に表している。また手→背中というように，師の中で情景が広がっていく様子がイメージできる。
- 俳句の始めの「やってやれ」がアンサーした俳句の「やってやる」に重なっていて，読め中にはっきり受験生の様子が浮かんできたため。

## 本実践のふりかえり，授業者としてのまとめ

　俳句に限らず，文章を書いたり，創作をしたり，スピーチをしたりといった表現に関わる活動に対して子どもたちは気恥ずかしさや面倒くささから，抵抗感を覚えやすい。今回，国語科の教科としては，ことばの響きの美しさや，表現の豊かさを味わえるようになり，それを他者と交流したり共有したりして深めていく子どもたちの学ぶ姿をねらいとしていた。そこに，「多様性の教育」の研究成果から，「多様性を活かす」という視点で単元計画を見直したらどうなるだろうかと想い，授業をリデザインすることになった。

　子どもたちは，国語の授業においてさまざまな場面で，実に多様なものの見方・考え方を発揮する。ただし，その原石のような輝きはあまり自覚されていないことも多い。言語化して他者の目に触れるようになって，他者からその良さを指摘されてはじめて気付くことも多いのである。だからこそ，多くの子どもたちが，それぞれの「作品」を目にし，瑞々しい感覚でもってそれを受け止めつつフィードバックをしていくような活動を作れないかと思案し，本単元「句会を開こう─フリー俳句，アンサー俳句，テーマ俳句─」を計画した。生徒一人ひとりが，時に表現者として，時に読者や批評家として相互に関わり合うことが本単元における「多様性を活かす」だととらえている。

　文章上達の道として欧陽脩は「看多・做多・商量多」（多く読む・多く書く・多く推敲する）を挙げていて，本単元では俳句に関して，ちょうどその三つの言語活動を短期間に繰り返して行う形となった。そのためか，生徒の俳句に対する身構えた姿勢はずいぶんと和らいだことが学習感想からわかった。「俳句を身近に感じた」「今度自分でもまた詠んでみようと思う」といった声が多くあがっていたのは，本単元で生徒が学びを深めた姿だと考えている。

# 共生社会のあり方を考える 公民の授業実践

――――――――――┤多様性を理解するイメージ図├――――――――

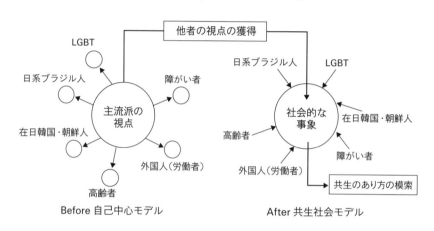

Before 自己中心モデル　　　　　　　　　After 共生社会モデル

**Before** ある特定の集団や立場から見た社会の姿であり，これまで獲得してきた自分なりの社会の認識や見方に疑問を持たずにいる生徒

**After** 社会的な事象を多様な視点から考察することの必要性を認め，自分と異なる他者の存在を価値あるものとして捉え，互いに活かしあう社会を目指そうとする生徒

## 社会科としてのねらい

● **人間性（他者に対する受容・共感・敬意，より良い社会への意識）**

→社会的な事象を多様な文化的集団や立場から考察し，特定の集団や立場に対する偏見を軽減し，その価値を認めあう態度をもてるようになること。

● **汎用的スキル（批判的思考力，協働する力）**

→対立する意見や立場について双方の意見に耳を傾け，物事を多面的・多角的に捉える必要性を理解し，問題をどう調整していくことがよいのか考えられるようになること。

# 多様性を理解する視点

## ●他者性の認知

→社会は多様な文化や集団を構成する人々によって成り立っており，多様な文化の要素を取り込むことによって出来上がっているという認識をもてるようになること。

## ●偏見・差別意識の軽減

→それぞれ固有の文化的・歴史的背景を理解することで，自らの差別意識や偏見を軽減させ，お互いに社会を構成し合う価値ある存在として理解するようになること。

# 実践の流れ（全 4 時間）

## ①「AI 時代における人間との共存の課題はなにか。」（情報化）

　身の回りにある人工知能（AI）を活用した事例を知り，AI を活用したビジネスとして，AI とタクシー（携帯位置情報と乗降客データの分析）の事例から，業務の効率化の業績向上の利点があることを理解する。一方，AI 技術の応用で，人間の仕事がなくなる，自動運転の事故，無人兵器の開発など，AI 技術の進歩と人間との共生の道を探る。

## ②「日本の外国人労働者の受け入れの課題は何か。」（グローバル化）

　グローバル化が進む今日，特定技能実習制度について政府は力を入れている一方，技能実習の名目のもとに正当な対価を支払われることなく，重労働を強いられている実情もある。また他国では，難民を受け入れ国内の労働者として活用する動きがあるなか，日本の難民申請の認定率は極めて低い。日本のこれからの外国人労働者の受け入れの在り方について考える。

## ③「LGBT 法案の国会提出見送りの判断をどう思うか。」（多様性）

　多様な性の取り扱いについては，「トランスジェンダー職員の女性トイレ使用禁止は違法」「同性カップルが結婚の法的効果を受けられないことは憲法違反」という司法判断がなされるなど，等しく平等な権利をすべて享受できている環境にはまだまだ話し合いが必要な状況である。こうした LGBT など性的少数者をめぐる「理解増進」法案について，2021 年 6 月 1 日政府与党が国会への提出を見送る判断を下した事実をふまえこれからの社会の課題を考える。

## ④「多様性を認める社会」（障がい者）

　イギリスのドキュメンタリー「ダウン症の無い世界？」（2016 年，Dragonfly Film & Television）（自らもダウン症の息子を持つ主人公が，出生前診断による中絶や，医師や社会保障制度の問題点を探りながら社会の多様性を訴える番組）を視聴する。ダウン症という障がいの可能性があるだけで，産まないと選択をすることへの疑問をもたせるとともに，ダウン症について知らないことが多いことに気付かせ，これからの社会の在り方を考える。

# 子どもの姿・エピソード

全4時間の授業のまとめとして第4時には「多様性を認める社会」として総括的な討論を実施した。その際①～③までの事例も振り返りながら、社会的弱者や性的マイノリティー、障がい者などの立場から多面的・多角的な視点から考察することを心がけて授業を展開した。その際、障がいを「社会の重荷」ととらえたり、同性愛カップルを子どもを育めない生産性という視点から蔑んだ見方をするなどの発言を取り上げた。極めてごく一部の人の意見とも思われるが、その底流には社会の構造的な壁や偏見、差別意識というものと通底するところもあり、決して一部の人の意見として反故にすることはできないという生徒からの指摘もあった。多様性を認める社会のあり方へと思考を深化・発展させていく上で、今日の社会で現実に起きている問題をしっかりと把握することで確かな事実理解に基づいた認識を共有することが大切である。さらに共生社会を批判する立場の見解から、個別具体的な問題に終始してしまって問題の所在が分散してしまわないように、多様性を認める学習においては社会科学的な調査に基づく知識に加えて、総括的な討論の場を設定することが必要である。この議論の中に生徒個々の社会問題への認識や、どのような社会を望むべきかという価値認識が双方向的に授業で展開されることとなり、自らの意見を再構築する上で重要な意義をもつ機会を提供することとなる。本時では授業の後に各々の授業の「問い」について自分の意見をまとめる作業を行った。以下に示すのは各授業での生徒の意見の一部である。

①　AIと人類が共存するのには主に、2つの大きな課題がある。一つはAI側の問題で、もう一つは人間側の問題だ。AIは進化すれば人より確実に効率的で合理的な考えをするようになる。もっとスケールが大きくなるとホーキング博士のいう通り人間への脅威になりかねない。この問題は、アシモフが定義したロボット工学三原則のような簡潔ながらそれだけで多くの制限をAIにつけられるルールを国際的に決めることで解決すると思う。人間の問題は、AIやロボットに対する恐怖心だ。AIは確かに人間の脅威にもなりうるし、恐怖を抱くのは当然かもしれない。

②　日本の外国人労働者の受け入れ、難民認定の数はとても少ないと思う。人材不足の時は外国人労働者をたくさん受け入れるべきだと思うが、人材が余ってしまう時

は外国人労働者に仕事を奪われてしまうという問題がある。日本の外国人労働者,
難民の認定数はヨーロッパの国などと比べると, とても低いと思う。これからは,
多国籍社会となっていくので, 外国人労働者も難民認定も日本で準備をしてもっと
受け入れていくべきだと思った。

③　やはり日本はまだまだ遅れているなと思います。同性愛について理解ができない
→自分とは違う→批判する, という感じなのかなと思います。差別や批判をする人
は自分とは違うという理由から同じ人間として見ていないんじゃないかと私は考え
ています。どう思おうとお互いに認め合うことが大事じゃないかなと思います。日
本は色々なところにおいて, お互いを認め合うという事が足りていないような気が
します。

④　今, 社会の流れは障がい者の生きやすい社会とは決して言えません。この社会で
は, 障がい者と健常者の壁はとても分厚いです。自分が他界した後の子供を親は知
ることができません。どんなに心配でもどんなに支えたくても, することができな
いです。私はそういうこと全て含めて, その後の子供を心配して産まないという選
択肢をとるのも 1 つの手なのかもしれないと思います。

## 本実践のふりかえり, 授業者としてのまとめ

　AI の授業では AI がもたらす社会的な影響の正と負の両側面に着目し, そもそも人
間とはどのような存在, 役割を持つべきなのかという本質的な思考の回帰が見られ
た。また外国人労働者の受け入れについては, 「安い」労働力として外国人をとらえ
る視点から, 人間として平等, 公平な立場で考えようとする態度が芽生えてきた。さ
らに難民申請の受け入れの問題とも絡んで多様な文化, 経済, 政治的背景を持った
人々がこれからの日本の社会を構成するメンバーとなっていく時にどのような共生の
課題があるのか思考を深める姿が見出された。LGBT 法案では多様な性のあり方をめ
ぐり, 世代によって受け入れの仕方には違いがあることや, 夫婦別姓のように憲法上
の基本的人権の考え方から多様な性のあり方を法律上どのように保障していくのかと
いった法律の壁も存在している。多様な性について生徒自らの認識の地平を開くこと
と同時に社会の構造の問題へと思考を深めていくことができた。最後にダウン症のな
い世界では, 出生前診断によってある特定の障がいをもった人々のいない世界を望む
のかという生命倫理的な課題を突き詰めて考えると共に, 障がいを「重荷」として考
える社会の問題にも思考を深めることができた。

　こうした論争的な課題を軸に授業を展開していくことは, 社会的な事象, 問題を自
分中心の視点から社会科学的手法によって客観的に考察する機会を提供し, 差別や偏
見の問題に深い関心を喚起させると共に, その克服に向けて取り組み, 異質な集団と
の共生を実現するための生き方, あり方を考えさせることにつながっていくものとし
て, 今後も授業の実践を積み重ねていく所存である。

# 竹早中学校における
# 「総合的な学習の時間」の取り組み
## ―自由研究・卒業研究を中心に―

　本校の「総合的な学習の時間」の内容は，大きくふたつに分類される。ひとつは「校外タイム」と称し，校外学習（修学旅行などの宿泊行事を指す。本校では全学年が一斉に5月中旬に2泊3日で実施し，1年は菅平での自然体験を中心にした学年学級の組織作り，2年は農業体験をベースにした民宿分泊，3年は京都・奈良方面への修学旅行）とその事前事後学習を含んだ，いわゆる「行事まとめ取り」で行っている。2・3年生での事前学習はその前年度の3学期から活動を行い，学習の冊子製作や発表会などもこの時間の中で実施している。そしてもうひとつがここで本題となる「たけはやタイム」と称する時間で，竹早中学校生徒全員が取り組む「自由研究」（1・2年）と「卒業研究」（3年）である。

　本校の教育目標のひとつに，「自ら求め，考え，表現し，実践できる生徒を育てる」という項目がある。自由研究・卒業研究の実践は，これを具現化するための手段ともいえるのだが，より具体的にいえば，自分の興味関心の高いことがらをひとつ選び，それについて調査・研究をすることを通して，研究の手法や研究論文の作成方法を自ら身につける時間，といえる。研究の内容によって所属する教科に分かれ，その指導教諭によって，時には一斉に，時にはゼミ形式で，時には個別で指導が行われる。

　1年生は，1学期に自由研究のガイダンスを経て研究テーマを決め，所属教科が決まると，月1回程度の指導日に，指導教諭に質問をしたり，研究内容を深めたり絞ったりすることができる。夏休みに入ると，生徒各自がそれぞれ主体的に研究を進めるのだが，単なる調べ学習にならないように留意している。もちろん基礎調査は図書館やインターネットの利用もあるが，場合によっては実際にその地に赴き追調査を行ったり，アンケートやインタビューを行ったりすることで，より深く研究する生徒も存在する。夏休み明けには進捗状況を確認することを目的に中間発表会を開催，この段階で提出を受け付けてはいるが，多くは指導を受けて最後の仕上げに取りかかる。例年は9月下旬に提出，11月上旬の文化研究発表会にて展示される。文化研究発表会は他の生徒の自由研究を手にとって読むことができるため，互いに切磋琢磨できる大きな機会にもなっている。

　2・3年生も1年生と同様の動きとはなるが，意欲の高い生徒は，9月に提出を済ませたら，すぐに引き続き研究に着手している。いわゆる「継続研究」で，同じ内容のものを引き続き深く研究したい生徒は，意外と多く存在する。もちろん全く違う研

究内容にしても構わない。自らが研究対象を求め、それについて調査・研究・考察し、それをもとに自分のことばで論文として表現したり、さらに、よりわかりやすくしたりするために模型や絵画等を製作する。この実践を通して、教育目標のひとつが達成できるることは、我々から見ても、生徒の大きな成長が見て取れる取り組みであると考えている。「研究内容は自分の知的好奇心を満たすこと。」「どんなものでもよいが、ただの調べ学習にならないこと。」これだけの条件でこのような研究活動を必修で3年間積み上げることが、生徒自身の達成感や満足感を満たし、「やればできる」という成就感を生んでいるように思う。また、もともと竹早中学校の文化として、自他の意見を尊重できる雰囲気があるのだが、研究活動の延長として、他の生徒の優れた論文を読むことで、書いた生徒を認め、お互いに励まし認め合う関係も育つ。これも「多様性を認め、他者を受容できる生徒に育つ」要素ではないかと考える。

　特に優れた研究を行った1・2年生は、12月の自由研究発表会での発表に臨む。自分の研究を広く同級生にわかりやすく伝えることは意外と難しい。専門的な内容をわかりやすく伝えるにはどうしたらよいのか試行錯誤することになるが、指導教諭のもとで、多くはパワーポイントを用いた上で、別紙資料を作成するパターンが多い。発表が終わると万雷の拍手、このときに見せる発表者の笑顔は確実にワンランクアップした自信の表れのように思う。同様に、卒業研究発表会が3月に行われるが、これは3年生が2年生に向けて行っている。2年生はいよいよ最上級生になるという自覚と、3年生からのエールを受けてしっかり取り組まなければならない、という覚悟を決める時でもある。逆に発表を終えた3年生は、ある意味やりきった感を醸しだし、すがすがしさを感じさせることが多い。我々教員としては、これを自信にして新たな進学先でも頑張って欲しいと、願うひとときでもある。

　こうした取り組みは竹早中学校だけではなく、おそらく他の中学校でも同様の取り組みが行われているものと思っている。ただ、本校の教育目標に照らしてカリキュラムを組み、それを人間形成に昇華させている点は、過去から今日までの竹早中学校全教職員の努力があって成り立っていること、すなわち竹早中学校の伝統や文化である、ということは押さえておきたい。環境は人を作るというけれど、こうした伝統や文化を背景にした取り組みや努力が、時間とともに多様性を育み、いわゆる竹中生らしさを創りあげることになっているのではないだろうか。

（文責：浦山　浩史・中川　千香子）

# 数当てゲームの答えが
# 2 つある理由を考えよう

┤多様性を活かすイメージ図├

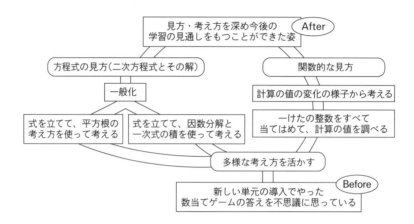

| | |
|---|---|
| **Before** | 新しい単元の 1 時間目で行った数当てゲームが，1，2 年生で行ったものと違って答えが 2 つあり，何故だろうという問いをもつ子どもの姿。 |

↓

| | |
|---|---|
| **After** | 数当てゲームの仕組みを説明するいくつもの考え方を共有することができ，数学的な見方や考え方を深め，今後の学習の見通しをもつことができた子どもの姿。 |

## 数学としてのねらい

● **具体的な場面から数学的な事象を見出し，数学的な性質を使って考察すること。**

→数当てゲームを解決するために二次方程式をつくり，その解を既習の平方根などを使って求める。これに対して，数当てゲームの値の変化の様子から説明する考え方が，関数的な見方であることを確認し，方程式が関数の特別な値の式であることに着目させて，今後の二次方程式と二次関数の学習の見通しをもてるようにする。

● **二次方程式とその解の意味を理解する。**

→文字の種類や次数に着目して，二次方程式は一元一次方程式から文字の次数を増やした方程式とみることができる。二次方程式の解の意味は，今までの方程式の解の意味と本質的に変わらないが，一般に解が 2 つあることに注意する。

# 多様性を活かす視点

○大きくは，一つの事象を方程式と関数という異なる見方・考え方で捉える視点が挙げられる。方程式という視点の中では，既習の平方根，因数分解の活用，特殊から一般化という多様な視点で考えることが期待できる。

## 実践の流れ（二次方程式　全 11 時間中　本時（導入）第 1 時）

### ①「数当てゲームをやってみよう」

　　生徒が考えた数を教師が当てる数当てゲームをやってみようと伝える。本教材は，二次方程式の導入として，答えが 2 つある場合もある数当てゲームである。生徒にはノートのみを開かせて，教師が計算の手順を口頭で説明するのを聞きながら，各段階の計算結果をノートに書いていくように指示をする。口頭で伝えた計算の手順は下の通りである。

---

①　一けたの整数を 1 つ選んでください。
②　選んだ整数を 2 乗してください。
③　2 乗した数に，選んだ整数の 2 倍の数を足してください。
④　最後に，その数に 1 を足してください。

---

　　生徒全員が計算できたことを確かめて，教師が一人ずつ「計算結果はいくつですか。」と聞いて，生徒が答えた計算結果に対して選んだ整数を当てていく。整数を当てたら，同じ計算結果になった人を挙手させて，その生徒たちにも選んだ整数が当たっているか聞いてみる。計算結果は同じでも，選んだ整数が違うという生徒がでたら，教師はその生徒の選んだ整数を再び当てて，同じ計算結果になる数が 2 つあることを全体で共有する。

　　〔例〕生徒 A「計算結果は 9 です。」教師「選んだ数は 2 ですね。」生徒 A「当たりです。」

　　生徒 B「結果は 9 ですが，選んだ数は違います。」教師「じゃあ，－ 4 ですね。」生徒 B「当たりです。」教師「－ 4 でも計算結果が 9 になることを，ほかの人も確認してください。」

### ②「答えが 2 つある理由を考える（自力解決の時間）」

　　**課題「同じ計算結果になる整数が 2 つある理由を考えよう」**を提示し，自力解決の時間を取る。途中まででもよいから，考えたことをノートに書くよう指示をする。文字を使って計算の過程を式に表している生徒が多い。式を書いたところで止まっている生徒もいれば，式を変形して答えを求めようとしている生徒もいる。一方，少数であるが，一けたの整数を当てはめて計算結果を調べている生徒もいる。

### ③「数当てゲームのしくみを説明しよう」

　まずは，多数派である文字を使って式を立てる考え方から取り上げて，どうして答えが２つあるのかを全体で確認し共有する。次に，一けたの整数を順番に当てはめて，計算結果の変化の様子をもとに説明する考え方を共有する。式による説明を方程式の見方，計算結果の変化の様子による説明を関数的な見方と位置づけて，答えを求める様々な方法のよさを感じて認め合うことができるようにする。

### ④「二次方程式と解の意味を確認する」

　一元一次方程式や連立二元一次方程式との違い，文字の種類や次数に着目して二次方程式とその解の意味をまとめる。授業をふり返り，方程式が関数の一つの値のときの式を表すことから，これから二次方程式と二次式で表される関数を学習していくことをつかむ。

## 子どもの姿・エピソード

　実践の流れ③での生徒の発言に焦点をあてて，活動の様子を示していく。

**生徒1の場合**：方程式を立てて平方根の考え方を使って説明する

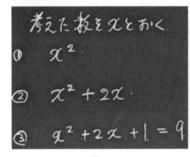

図1

図2

　生徒１は，図１のように考えた数を文字でおいて計算の過程を式で表し，その結果が９に等しくなることから，図１③のような等式「$x^2+2x+1=9$」ができると発言した。さらに，図２のように等式の左辺は平方の形に因数分解ができ，板書にもあるように２乗して９になる数は３と−３の２つあるから，左辺の式 $x+1$ の値は，$x+1=3$ と $x+1=-3$ の２通りがあり，それぞれから $x=2$ と $x=-4$ の２つの答えが求められることがわかり，これより多くの答えはないと説明した。この考え方は，計算過程を文字式で表し，既習の因数分解と平方根を使っていることを全体で共有し，同じ考えの生徒は多かった。

**生徒2の場合**：方程式を立てて $AB=0$ ならば $A=0$ または $B=0$ を使って説明する

　生徒１の考えの共有後，教師がほかの考えの人はいるか質問すると複数の生徒の挙手があったので，生徒２に発言をしてもらった。その中の生徒２の発言を示す。生徒２は，図３□ a のように，まず生徒１の等式の右辺の９を左辺に移行し，右辺

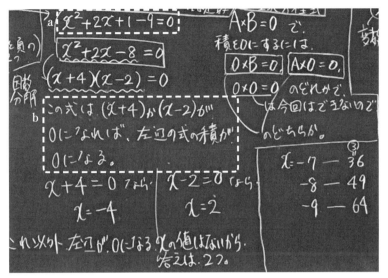

図 3

を 0 にした。次に，$x^2+2x-8=0$ の左辺を因数分解し，(ア)$x+4=0$ か $x-2=0$ であれば，左辺が 0 になり，一次方程式を解いて $x$ の値は 2 つであると発言した。この考え方は前の生徒 1 の考え方より人数が少なかったので，教師から，下線部（ア）について質問をした。

---

教師：ここ（図 3 □ b）が突然出てきてよくわからないんだけど，どういうことかもう少し詳しく説明できますか。

生徒 2 ：例えば簡単に式を A，B としてみると，さっきの式は $A×B=0$ と書けて，かけて 0 になる場合は $0×B=0$ と $A×0=0$ と $0×0=0$ のどれかだけど，同じ $x$ を入れて $0×0=0$ はないから，前の 2 つのどちらかでないとかけて 0 にならないからです。

---

　説明を受けて，この考え方はすべての項を左辺に集め，二次式を因数分解して一次式の積に直し，積が 0 になるときの条件を使っていることを全体で共有した。生徒 2 の「0 をかけると積は 0 になる」の説明に多くの生徒がうなずき，全体で共有することができた。生徒 1 の考え方をした生徒たちも，納得した様子であった。

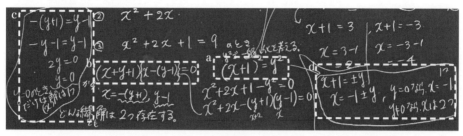

図4

　教師がさらにほかの考えがある人はいるか質問すると生徒3が手を挙げた。生徒3は，図1③式右辺の9を$y^2$とおいて一般化して考えてみると発言した。図4□aは□bのように因数分解できるので，どんな計算結果でも答えは2つあるといった後，□cをつけたして計算結果が0のときは考えた数は1つしかないと説明をした。生徒3の意見に対してほかの生徒は，一般化のよさを認めつつも因数分解とその後の変形がすべて文字であるため難しいと感じている様子であった。すると，次の生徒4の発言があった。

生徒4の場合：生徒3の一般化を使って生徒1の考え方を一般化する

　生徒4は生徒3の図4□aの式に対して，□dのように平方根の考え方の方が簡単に求められると発言をした。生徒3につけたして，計算結果$y$が0のときは$x+1$＝0より整数が－1の1つだけで，計算結果が0以外のときは同じ計算結果になる整数が2つあると説明した。生徒3とほかの生徒も一般的な結果に納得できた様子であった。

生徒5の場合：一けたの整数を順番に計算に当てはめて結果の変化の様子を調べる

　式を使った説明が一区切りしてから，計算結果の変化の様子を調べていた生徒5を指名して考えを聞いた。図5のように考えた数を$x$として，一けたの整数だから$x$に順番に当てはめて調べてみると，計算結果0が最小で，対称な結果になっているから結果が9になるのは2つの整数しかないと説明した。このあと全体で，生徒5の考え方は今まで関数のときに調べた方法であることを確認し，生徒4までの考え方は方程式の解を求める方法であることをまとめた。生徒たちは数を代入して調べてみることが，関数の考え方に繋がることに驚いていたが，この考え方のよさを感じ今後の学習に興味を持った様子であった。

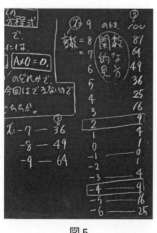

図5

# 本実践のふりかえり，授業者としてのまとめ

　数学の学習は，問題の答えが求められればそれで満足したり，ほかの考え方を見つけようと思っても一人では思いつかなかったりすることがよくあると思う。本時の単元導入問題も，未知数を文字でおいて方程式を立て既習の平方根を使って解決できれば，導入のねらいとしては概ね満足できる。しかし，「あれっ？」と思った疑問を解決しようとするときに，全員が同じ解決方法になることはないであろう。それまでの学習をもとに，途中までであってもいろいろなことを考えるはずである。解決できずに困っている人の意見も含めて，なぜそう考えたのかを理解しようとして聞く姿勢は，解決方法の違いの背景にある見方・考え方を知ることに繋がり，一人一人の学びをより深めてくれるものと考える。授業では生徒の発言を通して，いくつかの考え方の共通点や相違点を顕在化させ，事象を「方程式と見る」か「関数と見る」かという2つの大きな見方の違いがあるということに生徒が気付き，こうした経験をもとにして多様な考え方を今後の問題解決場面で活かすことができればよいと考える。

〔参考文献〕吉田稔他（2021），数学の世界 3，大日本図書，2021，78-79.

# 花のつくりとはたらき
## ―「花」を植物にとっての生殖器官であると捉え直す―

────────────┤ 多様性を活かすイメージ図 ├────────────

生活経験的にしか
見えない世界

自然科学の概念や法則を使って
見渡せる世界

使いこなせるよう
になった自然科学
の概念・法則

みんなで材料を確認して、
それぞれがそれぞれの眼鏡をつくる
「多様性を活かす」

バラバラに散らばった自然科学の事実・現象

---

**Before**　　生活経験的にしか自然の事物・現象を捉えられない子どもの姿
　　　　　　　　花は私たちにとって観賞用のもの（綺麗だなと思えるもの）である

↓

**After**　　　自然科学の概念や法則を使って，自然の事物・現象を見渡せる子どもの姿
　　　　　　　　花は植物にとって種子をつくり，子孫を残すためのつくりである

## 理科としてのねらい

○理科における大きなねらいは，子どもたちの生活経験的なものの捉え方を，より自
　然科学的な捉え方へと転換させること（概念変化）である。この概念変化は，子ど
　もが自然科学の概念や法則を，本当に自分自身のものにしない限り，引き起こすこ
　とはできない。
　この単元では，これまで生物として意識してこなかった植物を生物として捉え，こ
　れまでは「観賞用」としてしか見てこなかった花を，植物にとっての生殖器官（子
　孫を残すためのつくり）として捉えられるようにすることをねらいとしている。

# 多様性を活かす視点

　言葉をたくさん知っていたり，問題が解けたりしても，素朴概念が残ったままになっているということはよくある。それらを科学的な概念へと変化させるには，それまでの自分の捉え方と授業で学習してきたこととの間の「ズレ」に気づき，悩んだり，迷ったりするプロセスを経て，埋め合わせていく作業が必要なのである。

● 予想の多様性を活かす

→予想が対立すると，対立せずにすんなり授業が進んでしまった時よりも，自分とは違う予想の根拠が気になり，立ち止まって考えることができるようになる。

● 根拠の多様性を活かす

→同じ予想でも，自分とは違う根拠をもとにして説明する友達がいると，また違った角度からの根拠が増えて，考えに自信が持てるようになったりする。

● 表現の多様性を活かす

→同じようなことを言いたい子どもだったとしても，その表現の仕方は少しずつ異なる。

## 実践の流れ（全 5 時間）

### ①「アブラナの果実」

　「アブラナの花の下にできていた『コレ』は何だろうか？」

　4 月に，黄色い花の咲いているアブラナを持ってきて，アブラナの果実（『コレ』）を指さして，何だろうかと問いかけた。「茎だ」「種だ」「実だ」「水分や栄養を蓄えているところだ」など，生徒の捉えはそれぞれだったが，「インゲン豆みたい」「なんかボコボコしていて，中に丸いのが入っていそう！」という気づきを促した。議論をさせる中で子どもたちは「コレはアブラナの実（果実）であるに違いない！」という仮説をたて，みんなで共有した。

　「じゃあ，果実であることをどうやって確かめる？」と聞くと，「果実なら中に種（種子）が入っているはずだ！」と返ってきたので，切ってみて中に種子が入っていることを確認した。中に入っていた丸い粒（種子）に感動した子どもの中には，それをセロハンテープで大事にノートに貼ったりするものもいた。

## ②「アブラナの花」

　「アブラナの果実は，根，茎，葉，花の４つの器官のうち，どれからできたものなのだろうか？」

　「小学校の時にナスやトマトを栽培したら，花が咲いて，受粉すると，花が咲いたところに実ができた」という経験を語る子どもや，「アブラナの果実の先に黄色い点がついていて，それがめしべに似ている」と気づく子どもの姿があった。そこで，アブラナの花を一人一つ，ピンセットで解剖して花のつくりを調べながら，最後はめしべを切って，その中に小さな粒（胚珠）が入っていることを確かめた。受粉をすると胚珠が種子に，子房が果実に成長することを説明した。

## ③「チューリップの種子」

　「チューリップの種子はあるだろうか。」

　チューリップの花を見たことのない子どもはほとんどいないが，ほとんどの子どもは，チューリップの種子を見たことがない。だから，このように問いかけると，多くの子どもは「チューリップは球根を植えるから種はない！」と予想した。中には，「球根は種子なんだ！」「球根の中に種子が入っているのではないか？」と考える生徒もいて，この時間の議論は大混乱の渦に巻き込まれたかのように盛り上がった。そんな中で，「でも，チューリップにもおしべとめしべがある」「ハチとか飛んできて受粉する」「何のために受粉するの？」という意見が出てくると，「見たことはないけれど，チューリップにも種子ができるのかもしれない」「種子ができるなら，アブラナと同じように花の咲いたところにできるに違いない！」ということが次第に浮かび上がってきた。花が咲いた後の経過の写真に加えて，実際のチューリップの種子を見せると生徒たちは感動していた。

（写真左）竹早中学校で撮影したチューリップの花弁が落ちた後の様子。竹早中学校では，技術科の授業でチューリップを育てることもあるので，この授業実践を行ったときにも，写真のようなチューリップを確認できた。
（写真右）チューリップの種子

### ④「イチョウの花」

「イチョウの花はあるのだろうか？」

前時とは逆に，今度はイチョウの「花」の存在の有無を問いかけた。

イチョウが裸子植物のなかまであるということを教えようということよりも，「花は種子をつくるためのつくりである」という前時の学習をもとに，「種子は花からできる」という論理を引き出すための問いかけである。子どもから見れば花らしくない，花として認識されていないイチョウの雄花や雌花を，子どももよく知っている「銀杏」というイチョウの種子をつくるためには不可欠なつくりであることに気づかせ，花として捉えさせることを意図した。

※この時間の詳細は「子どもの姿・エピソード」をご覧ください。

（注）花弁の有無を花の定義にしていることもあるが，本実践では種子をつくるためのつくりを花として捉えさせることを目的として，イチョウの雄花と雌花を「花」として教えている。

### ⑤「種子をつくらない植物」

「種子をつくらない植物もあるのだろうか？」

また，植物には種子以外の方法で殖えるものもあるとして，シダ植物やコケ植物を紹介した。教室の外にでて，イヌワラビやゼンマイと，葉の裏側についている胞子のうを観察した。また，植物の分類の視点を確認しながらまとめをした。

## 子どもの姿・エピソード

4 時間目に「イチョウの花はあるか？」と問いかけると，「迷っている・考え中」の予想の生徒は次のように話した。

花子「イチョウは銀杏ができるから，受粉していると思ったんですけど，虫が花粉を運んでいるなら花があった方が受粉をしてくれるけど，風が花粉を運んでいるなら，花びら？　花はいらないと思ったので。」

太郎「イチョウの花なんて知らないし，見たことないし，銀杏も臭いし，果実なのかなぁ？　果実かもしれないけれど，違う変なものなのかもしれないと思って。」

太郎のような発言は，「迷っている・考え中」や「ない」の予想の生徒から，たくさん出された。「イチョウの花なんて知らないし，見たことない」というのは，「ある」と予想している子どもも同じなのだ。この揺さぶりをちゃんとみんなのものにすることが，「予想の多様性」の活かし方のポイントである。

「ある」の予想の子どもは，「銀杏」の存在と，前時にチューリップについて学んだことを結び付けて論理を展開した。

夏美「イチョウは銀杏が有名じゃないですか。銀杏を食べたら，中から種子が出てきたので，あると思いました。」

和也「イチョウには雄株とか雌株とかがある。花がないと銀杏とかできないから，やっぱり花はあるのかなって。」

美香「前にやったチューリップの授業の結論で，『花があるものには種子がある』ってなったから，イチョウは木で，種子が多分あると思ったので，ということは花もあるんじゃないかと思いました。」

純子「前に『花が咲くものは種子や果実ができる』ってやったから，逆に考えて，果実ができるものには花があると思ったのと。あと，みんなが銀杏の話をしていたんですけど，私の小学校に毎朝通るイチョウ並木があって，花らしい花はなかったんですけど，もしかしたら花弁がない花があるのかもしれないと思って。」

　そして，それぞれの予想をもとにみんなで議論をした。「銀杏って何？」と言い出す生徒もいて，「くさいやつだよ！」「茶碗蒸しに入っているやつ」と一生懸命に説明しようとする子どももいれば，「先生！　ちょっとどうでもいい話なんですけど，銀杏のくさいスポットがあるんですよ！」といって，後楽園駅から中学校に向かう途中にある，銀杏の落ちている場所について紹介してくれる子どももいた。私からは，写真にある中学校と幼稚園の間にあるイチョウの木になる銀杏について紹介した。授業実践は春だったが，秋になったら見てみようと声をかけた。

　銀杏が果実だと言う子どももいれば，種子だという子どももいる。しかし，この問題は知っているかどうかの問題なので，子どもたちの中では解決できない。色々な角度から話をしている子どもがいるので，話題を変えた。

　「和也くんが言っていたんだけど，イチョウに雄株（木）とか雌株（木）とかあるの？」となげかけると，「おしべとめしべが分かれているんだよ」「動物に例えるとオスとメスみたいなのがあるんだよ」と，和也以外の子どもからも反応が返ってきた。そして，イチョウにも銀杏ができる木と，できない木があるとい

（写真）
竹早中学校と竹早幼稚園の間にある
イチョウの雌木。毎年秋になると，
銀杏がたくさん落ちてくる。

う共通の経験的な認識にたどり着いた。おしべやめしべが意識できるようになってくると，銀杏も受粉によってできていることが見えてくる。

　そして，もとの「イチョウの花なんてみたことがない！」という問題に戻る。35人中，34人はイチョウの花は見たことがないというのである。私が「花があるのだとしたら，どんな花なのだろうね。」となげかけると，誰かが「花弁のない花なんじゃないかな」と言った。純子の発言を受けてそう言ったのだろう。花子が「花びらはいらないんじゃないか」と言っていたことともつながって，前時にチューリップで学習した花の役割と，花と種子との関係がイチョウでも結びついてくる。

（注）名前は仮名。

（写真上）竹早中学校のイチョウになった銀杏。
（写真下）竹早中学校のイチョウから落ちてきた銀杏。銀杏はイチョウの果実だと考える子どもが多いが，正しくは「種子」である。黄色い部分は種皮なのだと教える。イチョウは裸子植物なので，子房がなく，胚珠がむき出しになっているので，種子もむき出しのままできる。

## 本実践のふりかえり，授業者としてのまとめ

　「多様性を活かす」ということは，何も特別な，新しいことではなく，協働的な学びを創り上げる上で，普段私たちが何気なく行っている手立てなのだと思う。35人の子どもがいると，一人一人の経験も，考え方もバラバラである。しかし，同じ授業を別のクラスでしたとしても，予想の人数分布や，発言されたり，共有されたりする日常経験や，根拠となる学習内容には似たような傾向がある。子どもたちの思考の傾向や，認識の筋道のようなことを授業者が捉えることによって，「多様性を活かす」準備が可能になるのだと考えている。

# "ほんとうの運動会"を
# 創り続けるわたしたちを目指して

## はじめに

現状，竹早中学校はコロナ禍の影響でコロナ禍前と比べて極めて規模を縮小して運動会を実施している。教員も子どもたちも戸惑いを隠せないのが実態である。しかし，このコロナ禍だからこそ，"ほんとうの運動会"を創り続ける子どもたちに育てていかなければならない。そのために，この場を借りてコロナ禍前の本校の運動会に関わる子どもたちを目指す生徒像「他者との違いを価値あるものとして理解し活かして，共生社会を創り続ける生徒」の視点から振り返ってみようと思う。

本校の運動会は3学年4色縦割り活動である。A組，B組，C組，D組に赤，青，黄，緑の色が割り振られて4色対抗で競い合う。すべての子どもが運動会の係を担い，係活動を通して子どもたちが運動会を運営するのが特徴的である。

## 目的は同じ，経験は違う

競技の最後に行われる全校種目「因幡の白ウサギ」は迫力のある競技である。異なる学年の混ざった10人程度の集団が一つのムカデをつくりリレーをする。そして，最後には子どもたちが馬なりの背中で道をつくって，ウサギ役の子どもがその上をすごい勢いで駆け抜ける。

子どもたちは勝利を目指して，昼休みや放課後の時間を使って学年を超えて練習をする。経験豊かな上級生が下級生にムカデを組むコツを真剣に伝える姿をみると教員としてなんとも言えないうれしさが込み上がってくる。経験の違う子どもたちの集団が一つのチームをつくりあげる。他者との経験の違いがチームをつくる価値を生み，経験の違いを超えて一つのチームとなってたすきを繋いでいくところにこの競技の面白さが生まれるのである。

## 立場は違う，目的は同じ

子どもたちが競技を楽しめる土台には，子どもたちによる運動会の運営がある。運動会準備委員会が中心となり，すべての子どもが運動会の係を担う。例えば，応援ダンスを指揮する応援係，士気を高める団旗を作る団旗係，競技の審判を担う審判係，運営のアナウンスをする放送係などある。

運動会の本番で子どもたちは運動会を運営するために係の立場を全うし，協働する。子どもたちなくして，運営はできないといっても過言ではない。子どもゆえに間違えることやうまくいかないことも当然ある。しかし，子どもたちの立場の違いが価値のあるものとして運動会の土台をつくりあげる。

## わたしたちは他者との違いを価値あるものとして理解し活かして，"ほんとうの共生社会"を創り続けられるか

このような価値を生む違いをコロナ禍においても大切にしていきたい。一方で，運動会が嫌いな子ども，運動が嫌いな子どもがいることも事実である。そのような子どもは「運動会で勝つ」ことや「運動会を運営する」という目的をもちにくく，むしろ「運動会からなるべく距離をとる」という目的をもつこともありうるだろう。わたしたちはそのような他者との違いを価値あるものとして理解し活かして，"ほんとうの運動会"を創り続けていけるだろうか。わたしたちは特定の誰かにとって価値のある違いではなく普遍的なわたしたちにとって価値のある違いを大切にしなければならない。

（文責：佐々木 陽平）

# サンバに親しむ

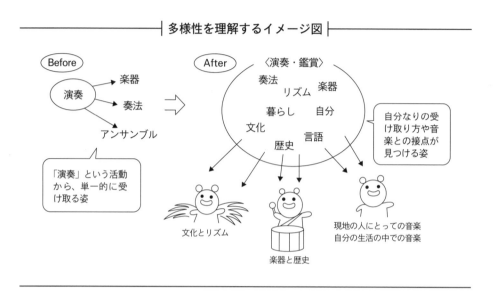

┤多様性を理解するイメージ図├

Before 演奏に親しむ姿。

↓

After 音楽への関心の幅がひろがり自分なりの接点を見つける姿。

## 教科としてのねらい

● リズムを身体的に捉えて，一体感を実感しながら演奏すること
● その土地で生活を営んでいる人にとって，その音楽がどのような存在であるかということに関心をもつこと

## 多様性を活かす視点

○音楽の多様なあり方を考える

○自分なりの向き合い方や接点を見つける

→演奏すること，鑑賞すること，考えること，練習，音楽に関する何かが行われる出来事，作品など，音楽が示す事柄の範囲は幅広い。人によって，あるいはその行事によって音楽の意味も様々である。関わり方，つながり方が多様であるという点

で，自分なりの接点を発見できる機会になると考えている。

## 実践の流れ（全6～7時間）

### ①「ブラジルの打楽器に触れる」（1～2時間）

まずは，ブラジルの打楽器の音色や奏法を体験する。ここでは，演奏の質や正確さなどにはこだわらず，とにかく音を出したり，ブラジル特有のリズムに触れたり感覚的な体験を大切にする。使用する楽器（6種類）とそのリズムは次の写真の通りである。

〈写真と譜例〉※簡略化して示した譜例もある

「ガンザ」　　　　　　「ショカーリョ」

「スルド」　　　　　　「カイシャ」

「タンボリン」　　　　　「アゴゴ」

子どもたちには，アクセントやノリも合わせてリズム全体を捉えられるように，唱歌のように言葉を用いてリズムを覚えていくこととした。

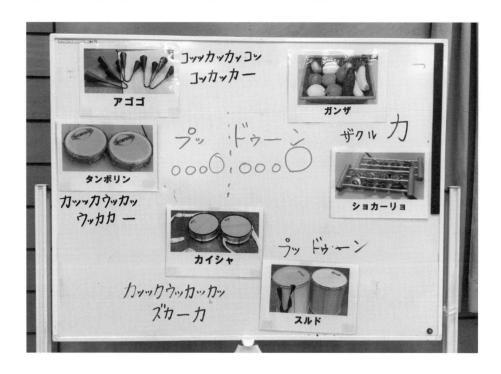

## ②「サンバを知る」（2時間）

**＊サンバのルーツを知る**

　歴史的な背景，先住民やポルトガル人，アフリカ人のもつリズムや楽器，動作がどのようにサンバにつながっているか，ポルトガル語のリズムと楽器のリズムの関係性を視点にもち鑑賞を行う。

**＊様々なサンバ（サッカーの応援，少人数の演奏，カーニバルの中継）の鑑賞**

　それぞれの編成や規模も，演奏される場面も様々であること，競い合う・ただ楽しむなど目的の幅が広いことやまた，演奏で楽しむ・観て楽しむなどの楽しみ方の幅が広いということを学習する。

**＊リオ・デ・ジャネイロ以外のカーニバルの鑑賞**

　リオ・デ・ジャネイロは世界的にも有名だが，リオ以外にもブラジルの各地で行われているカーニバルを鑑賞する。同じ楽器や似ているリズムがあったり，同じ楽器でも持ち方が違っていたり，管楽器が用いられていたりと音楽の特徴にも注目し，地域ごとの共通点や違いに触れていく。

### ③「リズムを感じ，サンバに親しむ」（3時間）

**＊リズムにのる**

サンバの音楽に合わせて身体を動かし，身体の動きに合わせてガンザを振る。身体の動きとガンザの演奏が揃うのは意外と難しく，ここでは音を揃えることを目的とするのではなく，繰り返していく中で身体に馴染み，自然にリズムを感じていくための手立てとする。ガンザの演奏はリズムにのって演奏できるようになるための準備運動のような役割である。

**＊拍を意識する**

スルドのリズムは拍を刻んでおり，身体でも拍を捉える。自然にスルドの拍を意識しながら，自分の楽器を演奏できるようにしていく。ここでは，「アンサンブルの中に自分の音が混ざるような感じ」を捉えていく。このアンサンブルが調和した感覚をつかめると，一体感を感じながら気持ちよく演奏することができる。

## 子どもの姿・エピソード

この実践では，音楽の中で自分なりの接点を見つけられるように，様々なスタイルのサンバを鑑賞した。たとえば，Jリーグのサッカーチームの応援，ブラジルのビー

チサッカーの応援，パゴーヂ（ライブスタイルの少人数の演奏），リオ・デ・ジャネイロやそれ以外の地域のカーニバルである。鑑賞の時には，「今日は，どんなサンバを聴きますか？」「演奏している人も，周りで観ている人も幸せそうな顔だ」「全員参加型だ！」「なんだかサンバにハマってきた！」という反応があった。

　演奏・鑑賞の活動を通して子どもが受け取ったことについて，ワークシートの一部を紹介する。記述内容から，「身近さ」「生活」「違い」「演奏」という4種類に分類することができた。下線＿＿＿は自分達の演奏についての記述，波線＿＿＿は文化や現地の人にとっての音楽のあり方について触れている記述である。

---

**\*身近さ**

・生活にあるのが当たり前で無くなったら安定した生活を送れなくなってしまう。

・心の拠り所になっているものだと，演奏している人たちの笑顔から感じた。

・生活の中に含まれて，「食事」「寝る」「サンバ」というくらい，身近なもの。

・息を吸う勢いでサンバをしている。

---

**\*生活**

・ブラジル人の習慣。

・生活の一部。ブラジルの人たちも仕事をしながら楽しんでいると思うから，サンバが生活そのものというわけではないと思う。

・1年の楽しみ，文化祭的な感じ。自分たちが楽しむための文化

・その度合は人それぞれ違うけど大勢が人生を賭けている。

---

**\*違い**

・地域によって少しずつ違いがあるのも地域の特徴が出ていて良い。

・サンバといっても1つの形だけでなく，たくさんのあり方がある。

---

**\*演奏**

（鑑賞）

・スルドの低音が聞こえる。

・スルドを身につけている位置が低い。

（自分たちの演奏について）

・足踏みしながら演奏はできないけど，膝を曲げて拍をとることはできた。

・偏ったパートが目立ってはだめ。全てのパートの音の大きさが調和するように。

> ・終わりの「シーン」したところを本当に静かになるようにすると一体感が生まれる。

【下線＿＿について】

　自分の担当している楽器や拍を刻む音など演奏の体験を生かした視点で鑑賞している様子がある。また，自分たちの演奏については，下線＿＿の記述から自分なりにコツを掴んでいるということがわかる。「リズムにのる」ということが単に拍を意識して演奏するということはなく，楽器の役割を理解しながら，どのような瞬間に「一体感」が感じられるのか模索して演奏している様子があった。

【波線〰〰について】

　これまではあまり身近でなかったブラジルの音楽や文化のあり方について，現地の人の立場で考えてみたり，自分の経験の中で考えてみたりするなど，自分なりの接点で音楽そのものや現地の人にとっての音楽の存在について自分なりの受け取り方ができているということがわかる。

## 本実践のふりかえり，授業者としてのまとめ

　本実践における多様性とは，文化の違いについて理解するということよりも，自分と距離感のあるものから共通性や身近さを感じるために，自分なりの接点を見つけていくというところにある。そもそもブラジルは多民族国家のため，もともと先住民やポルトガル人，アフリカ人などの多くの文化が混ざり合っている。毎年行われるサンバカーニバルでのパレードテーマにも，民族的なもの，文化的なもの，政治的なものと多様な内容がある。カーニバルを鑑賞するだけでも多様なあり方を感じることはできるが，「知る」「演奏する」「鑑賞する」「考える」活動を通して，自分なりの向き合い方を見つけてほしい。

　ワークシートの記入内容や鑑賞での様子から，子どもたちはその土地で生活を営んでいる人にとって音楽がどのような存在であるかということを考えながら，これまで馴染みがなかったサンバやブラジル文化との距離を自分なりに近づけていく姿があった。

# 私と世界との対話

─┤ 多様性を理解するイメージ図 ├─

Before

技術的な優劣を比較しようとする生徒
（表現に対する苦手意識や抵抗感）

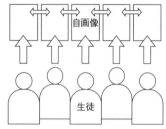

絵で表現する（表現領域や方法を限定）

After

作品の優劣ではなく，周囲との違いを価値あるもの
として認め合う生徒

表現領域や方法を自己選択・自己決定する

| | |
|---|---|
| **Before** | 自分の心の中を見つめ，自分らしさや個性を絵（自画像）で表現する生徒。（生み出された作品の優劣を周囲と比較することで，表現することに対して抵抗感や苦手意識を高めてしまう生徒） |
| **After** | 私と社会や世界との関係性の中から主題（「問い」）を生み出し，<u>表現方法を自己選択，自己決定して多様な表現を探究する生徒</u>。（作品の優劣ではなく，一人一人が何を考え，何を表現しようとしたのかといように人との違いを価値あるものとして受け止め，自他の多様性を理解する生徒） |

## 教科としてのねらい

- 自分の興味や関心のあることから，自分と社会や世界との関係性を見つめる中で，表現の主題（「問い」）を生み出す。
- 主題（「問い」）を探究するための制作方法を自己選択，自己決定し，意図に応じて，主体的に創造活動に取り組む。

# 多様性を理解する視点

○私という存在の多様性に気づき，周囲との違いを価値あるものとして認め合うこと
○今を生きる私という存在を見つめ，自他の認識を深めること

## 実践の流れ（全 10 時間）

### ①私の興味や関心と社会や世界との関係性から問いを生み出す

　中学 3 年生は思春期をむかえ，多感な時期を生きている。そんな生徒が今を生きる「私」を見つめ，世界や社会との関係性から未来を展望するために，マインドマップを用いて内省することから授業を展開する。今を生きる「私」という存在が，どのようなことやものに興味や関心を持って生きているのかという視点からブランチ（枝）を広げていく。また，視覚化されたマインドマップを基に，「私」の興味や関心がどこから生まれてきたものなのか，キーワードをつなぐブランチに着目してさらに深く内省することで，「なぜ，私は〜なのか？」「私にとって〜とは何か」のように私との対話を通して探究すべき「問い」を生み出す。

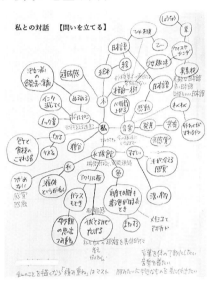

**生徒が生み出したマインドマップ**

### ②自分が立てた「問い」を基に制作（探究）するための構想を練る

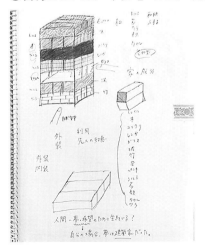

**生徒の制作ノート**

　自分が立てた「問い」を探究するための制作方法について制作ノート（スケッチブック）を使って構想を練る。その際，自分が立てた「問い」の答えを見つけてから表現するのではなく，「問い」を探究し続けるプロセスそのものが作品になることを，鑑賞作品をもとに確認する。例えば，「なぜ，私は〜なのか？」と「問い」を立てた生徒が，「私は〜である」という答えを出してから表現の構想を練るのではなく，「問い」を探究し続けるために，どのような制作方法が考えられるのか構想を練ることになる。

### ③材料や用具，表現方法を自己選択，自己決定して制作する

自分が立てた「問い」に対する制作方法は多様なものであるため，必然的に絵画や彫刻，デザインや工芸といった表現分野を自己選択，自己決定することになる。これにより，多様な表現を保障することができるようになる。また，コンセプチャル，パフォーマンス，メディアアートなどの従来の表現分野を越境するような新たな表現方法を選択する生徒も現れる。制作における表現の自己選択と自己

自己選択，自己決定しながら，多様な制作活動に取り組む様子

決定や，それに伴う試行錯誤や実験は，多様な表現と多様な学びを生み出すことにつながる。

### ④作品のプレゼンテーション動画を作成し，互いの作品を鑑賞する

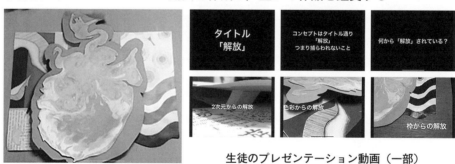

生徒のプレゼンテーション動画（一部）

表現分野を自己選択，自己決定できるように授業を組み替えることで，多様な表現が生み出さる。それにより一人一人が何を考え，何を表現しようとしたのかというように，私とは異なる他者の豊かな多様性を理解したいという生徒の思いが顕在化される。そこで，プレゼンテーション動画の制作を行い，互いに鑑賞し合い，作品を通して対話をすることで，自他の多様性を理解し合う場を生み出した。

# 子どもの姿・エピソード

## S1 の場合

### S1 のマインドマップ

S1 はマインドマッピングで私と世界との
つながりの中から興味や関心のある出来事
として「建築」や「音楽」をあげていた。
そこからブランチを伸ばしていく中で,「住
宅」「落ち着く」「生活」というキーワードが
生まれ,最終的に「商店街」と「人との関
わり」というテーマを導き出した。そして,
「私はなぜ,商店街や日常の生活にひかれる
のか」「私にとって商店街とはどういう存在
なのか」という自分なりの「問い」を生み出
した。また,S1 は,構想段階で商店街がも
つ人との関わりに再び着目し,「にぎやか
さ,時間がゆったり流れている」「それぞれ
が違う魅力があって,密接に結びついてい
る」ことから制作のコンセプトを立てた。

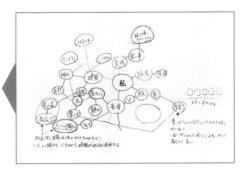

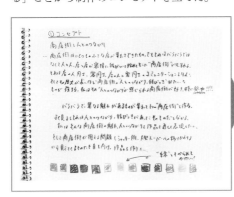

### S1 の作品コンセプト

「商店街と人とのつながり,商店街はいく
つもの小さな店が集まってできたもの。で
もそれはバラバラではなくて人と人,店と
店が密接に結びついてはじめてそこに"商
店街"が生まれる。それは店の人同士,客
同士,店の人と客同士のコミュニケーショ
ンを生む。そして,その歴史が長いほど商
店街の"人とのつながり"結びつきみたい
なものが強まる。私はその"人とのつなが
り"が感じられる商店街が好き,特に谷
中。(中略)異なる魅力があるものが集まっ
て 1 つの"商店街"を作る。私はそんな商
店街の魅力,人とのつながりを,作品制作
を通して表現(追求)したい。そして商店
街が抱える問題(シャッター街,大型スー
パーへの移り変わり)から見えてくるもの
にも目を向け,作品をつくりたい。」

### S1 の自己選択と自己決定

S1 は,表現方法の自己選択,自己決定において,立体で表現するか,平面で表現するか
迷っていた。そこで,まずは素材集めとして商店街の風景を写真撮影することから追求活動
を行うことを選択した。また,商店街がもつノスタルジックな雰囲気を出したいという思い
から,フィルムカメラを通して商店街を撮影することを考えた。その後,実際に商店街を歩

いて写真撮影した S1 は，制作ノートに写真を整理しながら自分と商店街の関係性を見つめ直す中で，「時間がゆったり流れる感じ」そして，「人と人とがつながり」「密接に結びついている感じ」を最終的にモビール作品として表現することを考えた。

商店街を歩き，写真を撮影し続けることで増殖する写真は，S1 と商店街の関係性同様，ゆったりと移り変わり，そして新たな魅力の発見とともに，密接な結びつきや関わりを生み出していった。

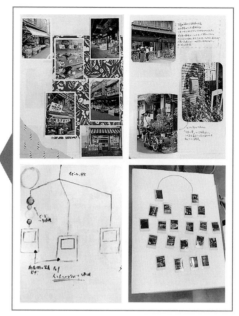

## S2 の場合

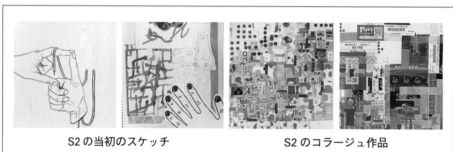

S2 の当初のスケッチ　　　　　　S2 のコラージュ作品

### S2 の探究プロセス

S2 はマッピングで「水族館」というキーワードから「水」「つかめない」「アクリル板」とブランチを広げ，「隔てるけど広げる」「幼少期の思い出，積み重ね」というテーマを導き出した。そして最終的に「私の思い出の中にある積み重ねとは何ぞや」という「問い」を生み出した。S2 は，当初，問いを探求する方法として「絵を描くこと」を選択し，制作ノートにスケッチを重ねながら探究活動を行なっていた。しかしながら，自分の中でしっくりとこない感覚から，再びマインドマップを見直す中で「瞬間ではなく，時間，連続」「私とものの距離感」という手がかりを生み出した。また，これらの試行錯誤の結果，「絵を描くこと」から，「コラージュ制作」に探究方法を選択し直した。

S2 にとってコラージュ制作は，自分の中にある今まさに作られる思い出を積み重ね，連続する時間を探究し続ける方法として一番納得いくものだった。訪れた場所のチケットやチラシ，買い物をした時のレシートやバーコードなど，普段の何気ない日常生活の中で生み出されていく記憶としての思い出と，記録としてのものとの距離感をコラージュし続けた。同時にそれは，S2 にとって「私と世界の関係性」を問い続ける行為にもつながっていった。

# 本実践のふりかえり，授業者としてのまとめ

　考え方や感じ方，価値観も異なる人同士が共に生きていく，多様性を基盤にすえた共生社会では，「私」が「私」として認められ，また認め合うような人権文化の創造が必要になる。これは今を生きる私が，同じく今を生きる全ての人を，役割や所属，性別等によらない一人の人間として尊重する文化であると言える。その意味で，一人一人の表現と，それに伴う見方，考え方，感じ方を尊重し，互いを認め，認め合うことを大切にしてきた美術の授業は，そもそも多様性を育む授業であると言える。しかしながらその一方で，一般的な認識の中には，美術の授業は画一的な技術指導によって子どもたちを表現に導き，その結果として生み出された作品の優劣を相対的に比べる授業として誤解されてきた側面も否めない。このような認識を変革していくためにも，美術の授業に多様性を理解し，多様性を活かす観点を取り入れることで，今一度，多様性を育む教科としての美術の授業を見直したいと考えた。

　そこで，本実践ではこれまで教師が示してきた表現の領域を，生徒自らが構想した表現に合わせて，自己選択，自己決定できるように授業を組み替えた。そうすることで，生徒が生み出した主題から，その主題を表現するための方法を自らが選択，決定するようになった。絵を描く生徒，立体制作に取り組む生徒，映像やデジタル表現に取り組む生徒など，多様な表現を保障することができるようになった。またそれと同時に，一人一人の多様な表現の探究活動や，その過程におけるそれぞれの試行錯誤や実験が生み出され，多様な学びを保障することができるようになった。これにより，生み出される作品も多様なものとなり，作品の優劣ではなく，一人一人が何を考え，何を表現しようとしたのかというように，人とは考え方も感じ方も価値観も異なる「私」という存在が顕在化されることになった。そして，そこに私とは異なる他者の豊かな多様性を理解したいという生徒の思いが顕在化されることになった。本実践では，そのような生徒の思いに応えるために，それぞれが自身の作品のプレゼンテーション動画を作成し，鑑賞を行った。共に今を生きる「私」という存在なのに，生み出された多様な表現を鑑賞することで，「私」とは異なる他者への理解が生まれ，自他の多様性を理解する場面となった。

　今後の課題としては，生徒の多様性を保障し，多様な学びを実現していくためには，今まで以上に生徒一人一人に対する学びの支援が必要になることがあげられる。表現方法も追求方法も異なるため，準備するものや美術室の使い方も多様なものとなり，必然的に時間もかかることになる。また，学習指導要領に基づくカリキュラム作成の面からも配慮が必要となる。生徒の多様性を育む教科として今後の課題として考えていきたい。

# 多様性と「文研」
## ―「成果」と「プロセス」の多様性―

　「文研」には「成果」と「プロセス」，2つの多様性がある。

　竹早中学校では，11月初旬に「文化研究発表会」が行われる。

　主なコンテンツは5つ。(1) その年の4月から，一人一人の生徒が自ら課題を設定し，追求した「自由研究」。(2) 各クラスごとに選曲し，2か月間かけて磨き上げた合唱を競う「合唱コンクール」。(3) 文化系の部活動が日ごろの成果を披露する「文化部発表」(※一部の委員会も含まれる)。(4) 文化部以外の生徒たちが行う「有志発表」。(5) これも有志の生徒による舞台発表の「後夜祭」である。さらに，これらのメインコンテンツに加え，当日は各教科の学習成果としての作品群も展示され，行事に彩を添える。どの分野でも，生徒の高い能力が発揮された質の高い作品が並ぶ。生徒たちは，行事の期間中，互いの作品や発表を相互に鑑賞しあうが，その時の彼らの表情は実に輝いている。

　発表する者は自分たちの成果を誇らしげに語り，鑑賞する者は素直に感動を相手に伝える。成果を通して，自己に自信を持つとともに他者を認める生徒の姿を見る時，「成果の多様性」が，大きく関わっていると感じられる。同じもの，同じ基準で比べるのではないからこそ，得られるもの，「自信」や「寛容」がそこにあるからである。

　と，ここまでは生徒目線で文研を見たときの話。教員の視点で文研を見ると，また違った面が見えてくる。

　例えば，文研のコンテンツ自体は他の中学校の文化的行事の中でもよく見られるものだ。また，竹早中の過去10年間の文研を年代ごとに見通すと，コンテンツやその内容に大きな変化もない。つまり，教員の視点からは，毎年の文研で示される生徒の成果には，さほど多様性は感じられないのである。

　では，竹早中学校の文研は画一的なのかと言われれば，そうではない。過去，何回も文研担当を経験した立場で言わせてもらえば，毎年，大変に手間がかかる。

　竹早の文研で特筆すべき点は，ほとんどの活動が生徒主導で進められるところにある。

　(1)「自由研究」では，数回程度教員から研究の進め方を指導しただけで，あとは生徒が自力で研究を成し遂げる。(2)「合唱コンクール」では，担任が助言をしようとしたら「先生は黙って見ていてください」と生徒たちにぴしゃりとやられることもままある。行事の中心となって企画・運営する実行委員会を含め，どの活動に関して

も，「何をやるか」「どのようにやるか」という点に関して，毎年生徒は強いこだわりを持つのだ。

　先輩たちがやっていた企画や世の中で流行していることを，自分たちもやってみたいという「憧れ」。完全な模倣ではなく，何か1つでも自分たちの色を示そうとする「野心」。そして同じ企画に関わる生徒が複数人の場合には，それぞれの思惑の「差異」。これらに折り合いをつけなければならない。生徒が自ら創り出す活動だからこそ，そこにさまざまな葛藤が生じ，「プロセスの多様性」へと昇華していくのである。教員としては，この「プロセスの多様性」をこそ，生徒に体験させる価値のあるものと考えるし，指導の肝はここにある。

　生徒の「憧れ」を刺激するような情報提供や，生徒の活動が単なる模倣に走りそうなときの助言。複数人による活動で，人間関係から学ばせることは，教員の最も得意とする分野とも言えよう。竹早中学校の教員は，このように生徒の活動を縁の下で支え，表舞台では生徒が主体的に動くように促している。

　もちろん，それらの支援を受けてなお，生徒自身の活動は順調に進むわけではない。試行錯誤を繰り返したり，挫折を繰り返したりしながら，生徒は『産みの苦しみ』を味わう。中には本当に心が折れてしまったり，妥協してしまう者も現れるが，それらを含めて，やはり生徒自身による活動にはさまざまなドラマや秘話が生まれてくるのである。

　この「プロセスの多様性」を，それぞれの生徒が体験しているからこそ，その共通の認識があるからこそ，その結果として生み出された「成果の多様性」に対して，誇りや寛容の態度を持つようになるのである。

　生徒は竹早中学校の文研に，誇りを持っている。それは，自身で活動してきた「過程」に対するものでもあり，その「成果」に対するものでもある。今年も文研に向けて，生徒たちは試行錯誤を重ねている。これまでの自分や先輩を超えるために。次の文研までに，どのようなドラマが生まれるのだろうか。

（文責：堀内 泰）

# Wii Sportsから広がるスポーツ観と行為の意味
## ―Wii Sportsはスポーツと言えるのか?―

────────┤ 多様性を活かすイメージ図 ├────────

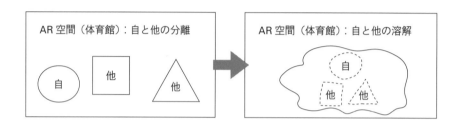

**Before** 「リアル」な身体でしかスポーツ体験をしたことがなく，クラス全体で
スポーツという遊びの空間を共に味わったことがない。

↓

**After** AR（拡張現実）[1]空間に溶け込み，運動が得意不得意に関わらず，男女が
共にスポーツの面白さを味わうことができた。

## 保健体育科としてのねらい

● **まず，やってみること（体験）の意味を実感させる。**

→スポーツという遊びの空間は，「体験」が常に付随する。これを後に振り返った
時，初めて「経験」として認識され，体験したことの意味が付与される。その点
で，既存のスポーツ経験や学校生活における人間関係などの文脈を引きずりながら
も，先入観を持たずに「知らないもの」へ一歩踏み出してみることを大切にした。

● **Wii Sportsから，新たなスポーツ観を発見させる。**

→これまでスポーツは，物理的に「今ここで」共有可能なリアルな空間や時間で行わ
れる事象であると認識されてきた。「身体観」や「行為の意味」などに視点を置き
ながら，技術革新が起きている社会構造の理解とともに，新たなスポーツ体験とし
て，あるいはスポーツの本質を探る体験として意味づけさせることを大切にした。

# 多様性を理解する視点

● **AR 空間における身体性を体験して理解する。**

→リアルな自分（こちら）がモニター内に存在するアバター（あちら）と「同期（シンクロ）」する空間（拡張現実）が広がる。プレイする子どもは「あちら」と「こちら」の世界の境目が消失したり，観戦する子どもも「あちら」に入り込むことで「自」と「他」が溶け合うような没入感を伴うスポーツ体験をすることができる。

● **スポーツ空間の広がりを言葉にして理解する。**

→ AR 空間自体が面白さを生じさせているほか，同期することで「こちら」の身体が拡張されるため，操作の容易さ，平等性がもたらされ，「誰とでも」楽しめる空間が存在する。このことから，「リアル」な身体や空間におけるスポーツの面白さも再認識しつつ，別次元の事象として「これもスポーツ」という認識の獲得が，これまでの「身体観」や「行為の意味」を省察させ，今後のスポーツへの捉え方を醸成していく契機にすることができる。

## 実践の流れ（全 2 時間）　1 クラス 36 名ずつ実施（全 4 クラス）

### ①「Let's Wii Sports!!」

体育館に大型スクリーンを設置し，Wii 本体 1 台と Wii リモコン 4 本を用意した。最大 4 名が同時にプレイできる。また，スポーツの種類や対戦相手などを表示するパワーポイントを別のモニターに投影した。リモコン操作や注意点等を説明したのち，まずはやってみることを大事にしながら，「Wii Sports はスポーツと言って良いのか」を問いとして体験することから理解を深める時間とした。

写真 1　Wii Sports の空間

本実践では，(1) テニスのダブルス，(2) チャンバラ，(3) ボーリングの 3 種目を実施した。この意図は，Wii リモコンを直感的に操作することが可能なものであること，他者と対戦する中で勝敗の分かりやすさから観る人も面白さを味わえるようにすることである。

Wii で遊んだことがある子どもはクラス内でも約 3 分の 1 程度。Wii Sports そのものは初めての子どもばかりであった。新鮮さからか，子どものワクワク感がはじけるような空間が体育館には広がっていた。授業の終わりに，再度問いを投げかけ，振り返りシートを後日提出させ，1 時間目を終えた。

### ②「Wii Sports の振り返り」

2 時間目は，Wii Sports の空間がどのようなものになっていたのかについて，「Wii

Sports はスポーツと言えるのか？」という問いを中心に，1時間目の振り返りを行なった。

　クラスごとに，盛り上がっていたシーンを教師がピックアップし，体験を言葉にして経験としていくきっかけをつくった。3種目でこんなシーンがあったと，思い出しながら観ることで，本時の振り返りの導入にした。また，1時間で得られた感想をいくつかピックアップした。Wii Sports はスポーツと言えるとした子どもや，やっぱりスポーツとは言えないという子どもなど，様々な捉え方があることを確認した。

　そこから，ワークシートを中心に，AR（拡張現実）の空間がもたらす，身体の拡張性について触れた。スクリーン内にアバターが存在することで，リアルに存在する自分の身体がアバターの身体と同期（シンクロ）するようにリモコン操作を行う空間がまさに AR 空間になっていた。これは，空間に広がりによる身体性の拡張が，操作を容易にさせる側面を持ち合わせ，いわゆる「誰でも楽しめる」空間を導き出していることである。

　また，AR 空間での盛り上がりに焦点を置き，多くの歓声や笑顔がなぜ起こっていたのかについて，「振る」という同じ行為の中にも多様な意味が内在していたことに触れ，行為の多様な意味からスポーツを捉えることを確認したり，あるいは失敗や負けが持つ面白さという側面や，観ている人もプレイしている人の空間に溶け込むような，溶解体験[2]が伴っていたことも確認した。これらは，生涯スポーツないしは障害者スポーツ（パラスポーツ）の本質的な理解にもつながりうることに触れ，スポーツが「リアル」な空間から，広がりを持っていることを確認した。

　こうした体験を言葉に起こしながら理論化する過程を経て，これまでにない身体観やスポーツ観を子どもに持たせ，その上で「Wii Sports はスポーツと言えるのか？」について，再度問いを投げかけ，ワークシートに自分の意見を書かせた。

## 子どもの姿・エピソード

### 〈怪我をしていても味わえる面白さ・技能差は関係なし〉

**写真2　怪我中の子どもが椅子に座りプレイする様子**

　先にも触れた生涯スポーツの理念には，「誰でも」楽しむことができる側面を内包している。本実践では，怪我をしている子どもでも座ってプレイ可能なことから，リアルではカバーしきれない身体性をアバターと Wii リモコンが代替していると見ることができる。さらに言えば，リアルな空間において物理的に生じるラケット操作やボール操作などの技能差もフラットにする機能が働くため，スポーツの面白さ，つまりどこにドキドキワクワクしているかを味わう土壌を形成することが可能な教材であるといえる。本来，スポーツの面白さは「できるかできないか」の間に生じるワクワク感であるはずが，いつしか技能が身につけるべき上位

目的と化し，「できるから面白い」事象に転換してしまう。この側面をリモコンに
よってニュートラルに捉え直させてくれる。

### 〈動作の激しさと没入感〉

　リアル空間でスポーツを経験してきた
教員からすれば，「たかがリモコン操作
で」と思われるかもしれない。一部の子
どもからは，「本当のスポーツのような
感じはない」という声が聞こえた。当然
運動量も異なれば，ボールを打つなどの
感覚はなく，むしろ虚構の世界である。

写真 3　チャンバラをプレイする様子

一方で，リアルなものと対照的な関係で
捉えるのではなく，「これもスポーツ」という認識の中で新たな分野として位置づけ
ても良いのではないか。実際，子どもからは，「めっちゃ汗かいた」「案外激しかっ
た」などの声が聞こえた。本実践では，チャンバラが顕著であった。本来リモコンを
振る操作に腰を落としたり膝を曲げたりするという行為は必要性を持たない。なぜな
ら，遠赤外線によって軽くリモコンを振ればアバターは打突したり防御姿勢を取って
くれるからだ。しかしながら，プレイする子どもはアバター以上に腰を落としたり，
打突の瞬間に足を前に運んだりと，激しくプレイしていた。まさにこれが，AR空間
におけるアバターとの同期と，プレイ空間への没入がもたらした世界になっており，
没入するからこそ自らの身体動作によってスポーツを味わっている瞬間であった。

### 〈ガッツポーズと歓声・失敗したときこそ盛り上がる〉

　だからこそ見られたガッツポーズや歓声がある。ス
ポーツではプレイした結果について評価されることが多
く，それが「できたかできなかった」という軸になるこ
とが往々にして存在する。一方で，結果に対する人間の
受け止めはプレイしていたのかどうか，つまりプレイし
ている最中にドキドキワクワクしていたかに依存する側

写真 4　ガッツポーズをす
る様子

面もある。チャンバラで勝った
子どもが腕をあげたり（写真
4），ボーリングでストライク
やスペアを取れた子どもがハイ
タッチしており，観客の子ども
も交えて拍手喝采であった（写
真5）。この現象は，勝ったこ

写真 5　ボーリングでストライクを取りハイタッチする子
どもと拍手喝采の様子

と，ストライクをとったこと自体に凄みを感じているからこそ表出したものとも捉え
られる一方で，むしろ大きな要因は，その結果に至るまでに「相手を倒せるかな，逆

**写真6 試合に負けたとき
のリアクション**

にやられてしまうかな」「全部倒せるかな，残っちゃうかな」と心が揺れ動いていることにあるのではないだろうか。この「できるかなできないかな」という間が抜け落ちてしまうと，まさに結果のみの行動主義的なスポーツ体験となって子どもへの「できるから面白い」「できないからつまらない」価値観を生んでしまう。別の角度で言い換えるならば，失敗した時こそ盛り上がる瞬間を大切にしたい。ドキドキワクワクしている時こそ，「失敗した」「負けた」という瞬間に，子どもは笑顔で「くそー！」「あ〜！」とリアクションをとる（写真6）。床にうなだれる子どもも多くいた。でもだからと言って，負けたから後悔することもないし，一生引きずって過ごすこともない。それはスポーツの遊びという性質ゆえである。むしろ子どもは「もっとやりたい」「次はこうしてみたい」と主体的に向かってくる。これを，スポーツという遊びが「学び」になる側面として捉えていきたい。

　以下，体験を振り返った子どもたちの感想を事例として紹介する。

子どもA（1時間目終了後のワークシート）

○実際にやってみた感想、友達の様子を見ていた感想、その他意見など、自由に書いてください。

> 最初はゲームだし，見ている側にはあまり面白くないかなと思っていたが，やってみると見ている側も本当の試合のように盛り上がれて良かった。
> やっている人も見ている人も楽しめて，Wiiってスポーツなのかなと思っていたけど，今回の授業で納得がいった。

子どもA（2時間目終了後のワークシート）

○Wii Sports をやってみて、見てみて、これは、スポーツと言える？言えない？

> スポーツと言って良いと思う。スポーツは「遊び」を目的としているものであり，Wii Sportsのような，操作が易しく誰でも楽しめるものはまさにスポーツの目的と一致している。またスクリーン中のアバターと現実の自分が溶け込んでいくことで，あたかも実際にプレイしているような感覚を覚えることができた。Wii Sportsは「リモコンを振る」という行為のみで完結しているため，体格差，体力差，年齢差があったとしても対等に戦うことができる。一般に言う現実のスポーツでは不可能なことが，Wiiにてスポーツでは可能になる。そしてただカンタンになるのではなく，eスポーツ特有の難しさも新たに出てくる。Wii Sportsは普通のスポーツの下位互換ではなく，新しい「スポーツ」として存在しているのだと思った。

　子どもAの事例から，「体験と言葉の一致」「溶け込む感覚」「スポーツの位置づけ」に対する認知の深まりが見られる。初めは「面白い？」「Wii Sportsがスポーツ？」などと懐疑的だったが，盛り上がりを共有し，納得感が溢れた。それは，アバターと同期する感覚の他に，身体をニュートラルに捉えるという視点を獲得したためと考えられる。また，アバターと同期するゆえにリモコン操作の難しさを実感している点も重要である。子どもによってはリアルなスポーツの方が身体動作として簡単であるか

らこそ Wii Sports は楽しくないと感じることもあった。ここで着目すべきは，身体動作をフラットにする機能を持ち得ているリモコンが，操作を容易にさせる反面，むしろ操作を困難にさせる面も持ち合わせていることである。これは，アバターとシンクロさせることが強制されるためであると解釈できる。この点に関連し，拡張現実がもたらす新たな可能性が導き出せるのである。子ども A は，Wii Sports をリアルなスポーツの下位互換として捉えていないことから，スポーツの枠組みへ言及したい。例えば，リアルなテニスの上級者が Wii Sports のテニスでも上手とは限らず，むしろアバターに身体を同期させることは苦手だとすると，新たな身体観が登場し，スポーツのあり方が広がることになる。さらに言えば，Wii Sports はリアルなものに，代替ないし比較されるものでもない新たな価値を持つ存在として捉えたい。ただし，リアルなスポーツ体験を経て Wii Sports の体験をする子どもたちは，既存の制度化が強まったスポーツの枠組みから，比較対象として Wii Sports を捉えることが多い。「これはスポーツといえない」「本当のスポーツとは全然違う」などの感想も見られた。現に，「できるようになることが大事」という認識も存在し，学校体育の本質を再検討する必要が見え隠れする。この点からも，子どもたちの姿や感想が学校体育の役割を捉え直す契機を与えてくれた。

## 本実践のふりかえり，授業者としてのまとめ

　最後に，本実践を簡単に振り返り，今後の体育やスポーツに対する若干の言及もしてみたい。スポーツは「遊び」であることの共有をいかに子どもとともにできるかが重要である。学習内容や方法が教師の経験に依存する傾向が強い教科として，遊びが学習になることへの認識や，そもそものスポーツへの認識を再検討する必要がある。そこには，社会構造や技術革新，身体性など，複眼的に思考することが求められ，多様性を理解することの一つのポイントは，複眼的に物事を捉えられるかにあるだろう。この点に加え，教師自身が遊びの達人でありたいと思う。体育教師であれば，誰もがスポーツという身体性を伴う遊びの文化を継承したいと願っている。一方で，「学習」的な側面やカリキュラム，説明責任などが足枷になり，「遊ぶ」ことが置き去りになってしまうことに強く違和感を抱く。いわゆる，運動好きの体育嫌いや，体育授業が学生時代の負の経験として大人になってからの語り草にされる現象は，ここから生じている。授業者として，子どもと向き合いながら自らの価値認識，社会構造の変動に目を向け，俯瞰的に省察し続ける姿勢を持ちたい。そして，子どもとともに面白い空間を創造し，学びを構成することがまさに，面白い職業であることを発信し続けたい。

引用・参考文献
1）小林啓倫，『AR―拡張現実』，2010，マイコミ新書．
2）亀山佳明，「10 真の自己と大文字の他者 作田啓一「真の自己と二人の大他者」」，井上俊・伊藤公雄 編『社会学ベーシックス 1　自己・他者・関係』，2008，世界思想社，p.95-p.104.

# 共生社会を生きる
## ―幼児，高齢者への正しい理解と関わりから―

───────────┤ 多様性を理解するイメージ図 ├───────────

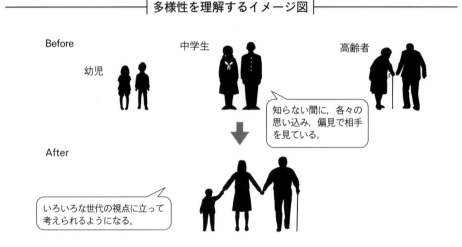

**Before**　少子高齢化，核家族化がすすみ，兄弟姉妹も少ない家族環境の中，学校教育では，異年齢交流が求められている。幸い本校では，附属幼稚園，小学校，中学校が同じ敷地内にあり，日常生活で異年齢の子どもの姿にふれながら過ごしている。今年度は，コロナ禍のため，学習環境の制限が厳しく，附属幼稚園とのふれあい実習はできなかったが，11月に短時間で幼児観察を行うことができた。

　社会では，子どもや高齢者に関する問題が山積しており，たとえば虐待の件数等も増えている。子育てへの不安，介護の疲労などから子どもや高齢者への悲しい事件につながっている。それは，幼児，高齢者への正しい理解がされていないことに起因しているのではないかと考え，この実践につながった。

　中学生にとっては，身近に異世代の家族等がいる場合を除き，関わりがほとんどない中で，異世代への関心は低く，社会問題についても自分事として受け止められていないことが明らかである。知らないからこそその偏った見方や，得体の知れないものというマイナスなイメージをもっていた。

〈授業の初回に各班で描いてもらった「幼児」のイメージ図と「高齢者」
のイメージの記述〉

「幼児」のイメージ図

「高齢者」のイメージの記述

| すぐ怒る　キレやすい |
| --- |
| よぼよぼしている |
| 転びやすい　耳が遠い　白髪 |
| しわが多い |

**After**　多様性の視点を取り入れ，あまり身近でない存在である幼児や高齢者を正しく理解すること，その視点をもつことで，日常生活で，その学習を生かそうとするようになった。たとえば通学時，幼児や高齢者を見かけた折，中学生としてできることを工夫することができるようになった。また，幼児や高齢者のいろいろな場面の行動を少しでも受け入れることができるようになった。自分自身の通ってきた道である幼児期を振り返りながら，これから通っていく道である高齢期に対しても，インクルーシブな考え方をもてるようになった。

## 教科としてのねらい

● 幼児の心身の発達や特徴，衣食住を知り，中学生としての関わり方を考えることができる。

● 高齢者の体の老化や心の状態について理解し，衣食住を工夫，中学生としての関わり方を考えることができる。

## 実践の流れ　（全12時間）1学期：9時間　2学期：3時間

① 「幼児の心身の発達や特徴，幼児の衣食住について学ぶ」

　まずは，幼児のイメージをイラストやことばで表し，どんな思い込みや偏見をもっているか認知させた。本ページ上部の図は，生徒が描いたイメージ図である。その後，幼児の身体の特徴を学ぶことになる。また，「きぃきぃうるさい」「すぐ泣く」「ことばが伝わらず，会話もできない」などというイメージでとらえていた。

　次に，「チャイルドビジョン」のめがねを使い，視線を低くし，幼児が見えている世界，「子どもの世界」を疑似体験する。どんなところに興味がわき，どんなふうに見えているか，想像する。また大人の視点だと気づかないので危険だと思う箇所も発見する（住）。

幼児の心身の発達について，系統的に学び，発達段階を考えたり（衣・食），幼児に必要な栄養を学び，おやつの必要性にふれ，食事の実践を家庭での課題として行った。薄味にすることやだしの利用，飲み込みやすくすることや，食べるときに楽しいなと思えるキャラクター風なアレンジなど，幼児期に必要な食生活の特徴と，自分たちと比較し，高齢者の食事にも発展させた。

　また，幼児の生活の大部分を占める遊びの意義について学び，遊びが育成する能力について学ぶ。

## ②「幼児に対して，中学生としてできることを考える」

　児童文化財について，自分で使ったおもちゃや絵本を童心に返り，遊んだり，読み聞かせあったりして意見を交換する。それに求められる条件は何か，そのころなぜこのおもちゃが楽しかったのか，そしてなぜ今は楽しくないのか，なぜ絵本に感動したのか，分析し，児童文化財に求められる条件を整理してみる。

　そのうえで絵本を制作するにあたり，市販の絵本をもとに，発達段階をふまえたふさわしいテーマ，色彩，文字（大きさ，ユニバーサルデザインフォントの使用など）の制作計画を練る。

　〈夏期休業中課題〉絵本制作をし，休み明けに友達同士で読み聞かせをする。

## ③「高齢者の身体や心の特徴を学び，中学生としての関わり方を工夫する」

　高齢者の身体と心を知り，高齢者を疑似体験する。日常生活で困りそうなことや安全面について考察する。高齢者が興味のあること，高齢者が同じ中学生であった時に流行したものなどを学ぶことで，目線を合わせる。平均寿命と健康寿命についてもふれ，中学生の自分たちがどれだけの関わりがもてるか，高齢者といっしょにできるイベントを考え，まとめとする。状況がよければ高齢者施設への訪問も考えたが，今回は敬老の日前後に自分の祖父母への手紙を書く，または文京区の施設の方への手紙を書くことのみとした。

## 子どもの姿・エピソード

①　なぜ，幼児たちはアリに興味をもつのだろうか，という疑問をもっていた生徒は，チャイルドビジョンのめがねをして，幼児の世界はこのような世界だったということを，外を散歩してしゃがんだ時に気づいたという。いつも自分たち中学生が見ている視界だと幼児の世界を見ることができないが，物理的にその視点に合わせてみると，見えてくるものがあり，その対象の幼児たちの興味関心を理解できることにつながったようである。

　絵本制作の視点は，内容だけではなく文字，色合いなど，幼児の視点にたったものを製作することをねらいとした。幼児の気持ちになって，また保育者の立場になって，そして，自分の幼児期を振り返りながら取り組んでいた。生活習慣を身につけさせるためその題材にしたという生徒，ひらがなやアルファベットなど早期教育が必要

だと思ってそれをうまく学べるようにと考えた生徒，寝る前に読んでもらいたいので怖くない物語，思いやりを育むストーリーなど，様々であった。色彩も幼児たちが好む，明るい感じの色合いにしたり，フォントも読みやすいユニバーサルデザインフォントにしたり，あえて漢字を使用するならふりがなつきで，工夫した。文字は一切なく，絵のみで，ストーリーは幼児たちに考えてもらうという設定の作品もあり，想像力をかき立てる様々な作品が完成した。

　また短時間ではあったが幼児観察の中で，「いろいろな性格の子がいることに気づいた，幼児の発達には差があることがわかった」という記述があった。話しかけてくれる積極的な子もいれば，大人しく自分の作業に没頭して友達と関わらないようにしている子がいて，どの子も個性なのだと気づいた記述もあった。

　「自分から話しかける時は，幼児の目線の高さに合わせて，簡単なことばや喜びそうなことばを選んでたくさんほめたら喜んでもらえました」という記述や，「ふと話しながら自分たちと同じだと思った」というように，幼児を特別な存在とせず，対等に関われたことがわかる。「相手（幼児）に合わせてあげることも大切だけれど，危険な時には知らせてあげなくてはならない，幼いから。」という場面もあった。

〈生徒の作品一覧〉

**（1）幼児の身近な興味関心を題材としたもの**

**（2）知育を考えたもの**

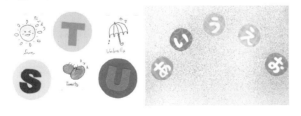

（3）基本的生活習慣・社会的生活習慣を育成しようと考えたもの

② 中学生が高齢者の方へできることは何かという課題に対し，高齢者が楽しめるイベントの提案を班で考えた。中学生が高齢者にやってほしい活動としては，公民館などの自治体施設などを使い，戦争，戦時中の生活についての講演会の開催などであっ

た。また，中学生として高齢者に提案したいこととしては，公園などでのラジオ体操をもっと若者も参加するようにしておしゃべりの空間にすることや，高齢者専用のオンラインカフェをつくってあげたい，高齢者ができる仕事を紹介できるようにする，高齢者が集まれるサロンを結成するなど，いろいろなアイデアがでて，高齢者を身近に感じることができたようだ。

## 本実践のふりかえり、授業者としてのまとめ

　毎年，本校では３年生で「幼児との関わり」を軸とした学びを幼稚園訪問を年に数回行うということをふくめ通年で行っている。さらに，本実践では，学習指導要領改訂により新しく加わった「高齢者とのふれあい」を加えて「共生」というテーマを軸とし，多様性の視点をふまえて実践を行った。互いを理解し，そして支え合っていくことは大切である。できないところは互いにフォローし，できることは積極的に行動することを身に付けることができた。

　幼児期は，自分たちが通ってきた道，高齢期は，まだ先であるがこれから通る未来の道ということで，自分たちとは異なる世代について理解しようということで設定したが，授業前アンケートによれば，幼児や高齢者に対するイメージはとてもマイナスなものであった。ただし，それは単に，その世代を知らないためにもってしまう偏見に近いものであった。なぜそう思うのかという問いに，幼児は泣いてばかりでうるさい，高齢者は怒りっぽく，切れやすくて怖い，というマイナスイメージをメディアで得たからというものだった。一方で，兄弟姉妹がいる生徒や，祖父母と暮らしている生徒たちは，幼児はかわいい，高齢者は博学ですごい，というプラスのイメージをもっていたので，対象を正しく理解することの意味や大切さを感じた。この授業実践を通じて，マイナスイメージの払拭と，今後の異世代との「協働」という意味を伝えることができた。

　授業後のワークシートの記述や成果物からも異年齢への興味をもてたことと，今後は積極的に関わっていこうとする気持ちを育めたことが非常に効果的であったと考える。

# 本校の委員会活動

## 本校の委員会活動と生徒の姿

　本校生徒会の中央委員会は，総務委員会，保健委員会，図書委員会，放送委員会，美化委員会，広報委員会，特別委員会（運動会準備委員会，文化研究発表会委員会）から構成される。それぞれの委員には前期・後期の任期があり，各学級から選出される。

　本校の委員会活動で大切にされるのは，生徒の自主性である。そもそも生徒会活動は，生徒による自治活動であり，教員が主導して行うものではない。そして「自分たちがこの委員会を運営しているんだ」という意識が，生徒のモチベーションと活動への参加意識を高めるのである。

## 委員会顧問としての教師の役割

　各委員会には顧問教諭がいる。それぞれの顧問教諭は，次のような意識で指導にあたっている。

### （1）活動の主体は生徒である

　そもそも「顧問」とは「生徒が顧みて問う」ための存在である。つまり相談を受けるのが役割である。このような顧問の姿勢や生徒の失敗を受容する雰囲気が生徒の自主性につながる。

### （2）次の人のために行う

　学校は人事異動があったり，その年度によって異なる校務分掌を担当したりするのが普通である。従って，同じ教員が同じ委員会の顧問を継続的に行う事はまれである。そこで大切になってくるのが，「次の担当顧問のため」を意識することである。具体的には，委員会としての活動の記録を初めて顧問になった教員にもわかりやすいように残したり，次の教員のための資料を作ったりしておくことが肝要である。

## おわりに

　学年が変わるときや，前期から後期へ変わるときには新たに委員会の生徒を決め直すのだが，その際に同じ委員会を希望する生徒が多い。生徒主体の活動であることのひとつの成果であろう。多様な生徒がそれぞれの良さを発揮して活動できる場。それが本校の委員会活動である。

（文責：金枝 岳晴）

# 部活動こそ多様性の宝庫
## ―チームスポーツの観点から―

　2021年度，本校で開設されている部活動は運動系7つ，文化系9つの計16団体で，全校生徒のうち96%がいずれかの部活動に所属している。本校では，いくつかの条件はあるが，生徒が年度末に申請する次年度の開設希望を，新年度の教員が承諾すれば活動を継続することができる。新規に開設されることもあり，百人一首部やロボット・プログラミング部などは時代の流行を反映しているともいえる。つまり，本校の部活動は多様な興味関心をもつ主体的な生徒と，その生徒の思いに応えようとする教員によって成り立っている。

　そんな数ある部活動のうち，私はバスケットボール部の顧問を務めている。公式戦において，やりにくい相手だなと感じるのは，スターティングメンバーであれ，途中交代の選手であれ，どの選手もベンチからの指示をコート上で的確に遂行する。わざわざ戦術を聞かなくても，そのチームが何をしようとしているのか，プレーを見ていればその意図が分かる。素晴らしいチームだと感服する。

　時にチームスポーツでは，自分のやりたいことよりもチームに貢献すること，すなわちベンチの指示に従うことが求められ，また，選手全員が理想とされる動きを身につけていることが重要になる。

　しかしながらそうはいっても，人間は同一規格のロボットではない。体格，筋力，走力はもちろん，オフェンス力，ディフェンス力，想像力，判断力などすべてが異なる。得意とする動き，苦手とする動きも人によって変わる。故に，多様な個性をもつ選手がいかに得意を極めるか，仲間同士が互いをよきライバルとして意識しながら切磋琢磨していくか，それと同時に互いを尊重し合いながら互いの足りないところをいかに補完していくかが鍵となる。

　あるとき一人の選手が燻っていた。このまま放っておけば，辞めたいと言い出すだろうなと思い，声をかけた。正直なところ，そこでどのような話をしたのかについては，彼女の卒業文集を読んだときにはっきりと思い出した。

　「先生に『腐るな。こんなところで終わると思っていない。』と言われ，踏みとどまることができた。こんなところで諦めない，挫けないという強い気持ちになったことを今でも鮮明に覚えている。同学年が6人いる中でスタメンは5人。6人で切磋琢磨し，励まし，チームとして強くなることができた。」

　この6人は性格も運動能力も実に様々で，それぞれが課題に直面し伸び悩む時期

も違ったため，スタメンは頻繁に入れ替わった。だからこそ，それぞれが次こそはという強い気概をもって毎回の練習に取り組んでいた。しっくりいかないプレーについてはコミュニケーションをとり修正を図り，褒めるだけでなく指摘し合うことのできるいいチームだった。そのうち，こうしたプレーができるようになりたい，こうやって勝負したいと自分たちから発信するようになっていった。

　一方，学校教育の中で行われる部活動であるので，技能向上が目的ではなく，人間形成が真の目的であるべきだと私は考えている。だから，コートに立てないのであれば，コートに立つ選手のために何ができるのか，どのようなサポートすべきなのかを考え行動することが，人としてのあるべき姿であることも繰り返し伝えてきた。

　さて，バスケットボールでは，得点だけでなく，タイムアウト1つ，ファール1つでその勝敗が分かれることがあるので，それらを記録するスコアラーの存在は大きい。スコアをきちんとつけようとすれば，自ずと集中して試合を見るので，賞賛されるべきプレーとそうでないプレーの見極めができるようになり，次にどうすべきかの予測が的確にできるようになる。次に自分がコートに立ったとき，それらを生かすことができれば，その選手はどんどん起用されるようになるだろう。しかしながら，そう簡単にはいかないのがスポーツの世界である。

　ある年，150cm弱の選手がいた。運動能力もさほど高くない。そんな彼女は試合におけるもっとも重要な自分の役割を，スコアを正確につけることと自負していた。

　例えば，試合中，審判の笛が鳴り，ファールが申告される。1つ目や2つ目のファールでは黙っているが，それ以上のときには彼女はすかさず，「○番，○つ目です」と教えてくれる。選手が3つ以上のファールを犯したとなれば，戦い方が変わってくることをスコアラーである彼女は理解し，私が知りたいタイミングで，知りたい情報を精査して伝えてくれる。また，チームメイトも，自分のプレーについてのアドバイスを彼女に求めることがよくあった。彼女の「見る目」はチームメイトからも一目置かれ，絶対的な信頼を彼女はコートの外で勝ち取り，キーパーソンとしてチームに大きく貢献した。

　多様な特性をもつ選手同士の相互理解や切磋琢磨の中から生まれる個の伸長やチームワークの創造，得手不得手の異なる選手同士の組み合わせによっておこる化学反応ともいうべき現象こそがおもしろさを生み，また価値があるのではないだろうか。そして，部活動から得られるものは様々あるが，そこには必ず，生徒の主体性と多様な個のぶつかり合いと調和があり，それを支援する指導者が不可欠なのだろうと考える。

（文責：横山　晶）

# Haiku in English
## ―英語で俳句を詠んでみよう―

─────────┤ 多様性を理解するイメージ図 ├─────────

日本古来の俳句について基本的に理解できている。 → 外国語での俳句またどう親しまれているのか理解する。 → 日本古来の俳句と外国語での俳句の違いがどのようにして生じたか考え，それぞれの良さを理解できる。

---

**Before**　日本古来の俳句について基本的な理解ができる。

↓

**After**　俳句が形を変えて，海外で受け入れられていることを背景も含めて理解できる。

---

# 教科としてのねらい

● **目標とする言語材料の理解・習得**

→本単元では学習目標に設定されている言語材料は「現在完了」「現在完了進行形」である。「現在完了」のうち，「経験用法」を前の単元で学習し，現在完了の型が"have ＋過去分詞"であることは既習であるが，本単元で扱う「完了用法」「継続用法」「現在完了進行形」についても，使用場面との特徴などについても生徒たちが理解し，それらを用いて簡単な自己表現ができるように指導することを目標としている。

● **「英語の俳句」**

→本単元の題材である英語の俳句を扱うことで，日本の伝統文芸の一つである「俳

句」が世界中で受け入れられていることを知り，日本語や日本古来の俳句について，簡単な英語で書かれた教材を読み，考える機会とする。

## 多様性を理解する視点

●**英語の俳句と日本古来の俳句から多様性を理解する。**

→俳句が海外でどのように受け入れられているのかを知ることで日本古来の俳句と比較しながら，英語の俳句と日本古来の俳句ではどのような違いがあるか，そしてなぜそのような違いが生まれたのか，その背景を考える機会を作った。

●**海外で評価されている日本の姿などを通し，身近なところから日本について考える。**

→多様性を考える前に，日本が海外から評価されているものの 1 つとして，新幹線の車内清掃の動画を現在完了（完了用法）の導入に使用した。言語材料の導入を目的としているため，海外から評価されていることについては一言紹介したのみである。その他，英語の歌 "I've Been Working on the Railroad" を扱い，本単元最後の教材で扱う現在完了進行形が歌詞で使用されていることを後の授業で触れるが，日本では子どもにも親しまれている「線路は続くよ　どこまでも」の歌が，アメリカでは鉄道建設に関わる労働者の歌であることを紹介した。

## 実践の流れ　（全 6 時間）

### ① 1 時間目　"Let's Enjoy Haiku in English"

英訳された松尾芭蕉の俳句の作品をまずは教科書を開かずに音声だけで聞き，その中で詠われている情景を思い浮かべ，芭蕉の原作がどの俳句かなどを推測させて，既習事項である「（日本古来の）俳句の特徴」について，生徒の発言（日本語）を引き出しながら簡単な英語で確認した。その後，教科書教材で 2 人の登場人物のやり取り（図書館での会話の音声教材）の内容，外国籍の中学生と日本人の中学生の俳句の捉え方や見方の違いなどについて考えさせた。またその中で使用されている新出表現についても会話の流れから生徒に考えさせる形で進め，最後に現在完了（完了用法）について，当該 Unit の大きなポイントとして確認した。

### ② 2 時間目　"Let's Talk about Haiku 1"

まず当該の教材で目標としている現在完了（完了用法）について，新幹線の車内清掃の動画を使用して導入した。言語材料の導入を目的としているため，海外から評価されていることについては一言紹介をしたのみであるが，短時間で手際よく，徹底した清掃ぶりから，日本人の「おもてなし」また「丁寧さ，几帳面さ，勤勉さ」などがうかがえること，その徹底ぶりなどが，海外から高く評価されていることについても紹介した。その後，教科書の 2 人の登場人物の間で，互いのスマートフォン上でやり取りされた英語の俳句（以下，英語俳句）の宿題に関するメッセージを読み，その

内容から，前時に続き外国籍の中学生と日本人の中学生の俳句の捉え方や俳句に対する考え方の違いなどについて考える機会を作った。最後に改めて現在完了（完了用法）を使用する練習を含めた言語活動を行い，理解および定着を目指した。

③3時間目　"Let's Talk about Haiku 2"

　言語材料である現在完了（継続用法）を導入した後，教科書の登場人物である新任のALTと生徒のダイアログ形式の教材を扱った。その中で，海外でもところによっては，日本の俳句が学校で扱われ，日本への関心につながっていることにも触れた。題材内容について学習した後，現在完了（継続用法）を使用する練習を含めた言語活動を行い，理解および定着を目指した。

④4時間目　"Let's Learn about Haiku in English"

　言語材料である現在完了進行形を導入する前に，日本でも「線路は続くよ　どこまでも」として親しまれている，英語の歌 "I've Been Working on the Railroad" を扱った。同じメロディでもそれぞれアメリカでは鉄道の労働者を描いた民謡，日本では明るい汽車の旅の歌として，歌詞の内容が全く異なる曲として親しまれていることを紹介した。その後，現在完了進行形を導入し，日本の俳句の特徴について，英詩の特徴と比較しながら簡単な英語で書いた教科書教材を読み，俳句と英詩それぞれの大まかなルールや特徴で共通点と相違点などについて，確認した。俳句の特徴の一つとして，5・7・5の17音による構成が挙げられるが，この段階で音節について説明し，日本語の音声と英語の音声の構成や数え方の違いについても扱った。

　言語材料の現在完了進行形について確認する際，その時間の最初に扱った歌のタイトルと歌詞に，現在完了進行形が含まれていることにも触れ，その後，現在完了進行形を用いた言語活動を行った。

⑤5時間目　"Let's Learn More about Haiku in English"

　教科書登場人物の中学生たちに，前述のALTが「英語俳句が，日本国外で多くの人々に親しまれている」ことと，その理由や背景などについて説明し，日本の中学生にとっても英語俳句を書いたり読んだりすることが英語の学習法法の1つであることを紹介する教材を読んだ。その後，日本語の俳句と英語俳句の違いやなぜそのような違いが生じたのかについても考えさせた。このセクションでは，海外の中学生が創作した英語俳句の作品も紹介されているので，それらの作品の鑑賞もした。

⑥6時間目　"Let's Write Your Own Haiku in English"

　前時までの内容を受けて，生徒たちに英語の俳句を創作する課題の指示をした。その際，英語俳句のルールは非常に様々で，国や地域によって異なり，また日本国内でも様々なコンクールが開催され，主催者によってもルールが異なるという実態を生徒に説明した上で，今回の課題で採用するルールについて話した。その後教科書教材で掲載されている現在完了（継続用法）や現在完了進行形を用いた言語活動を行った。

## 子どもの姿・エピソード

　英語で俳句を創作することを最初の授業で予告し，具体的な指示は単元の最後の授業で行った。予告した時の生徒たちの反応は，あまり積極的ではなかった。しかし単元が一通り終わり，具体的に課題について説明をした時は，課題について前向きな様子でどんな材料を俳句にしようか，考えながら楽しんでいる様子の生徒も見受けられた。この変容については，多くの生徒たちは，日本古来の俳句の奥深さや 5・7・5 の 17 音で一つの世界を描くことの難しさを知り，それを英語で表現することへの壁を感じて当初はあまり前向きでなかったが，英語の俳句に縛りが少ないことを知ることで，その心理的または技術的な壁を崩し，自分が見たり感じたりしたことを使える語彙で表現すれば創作できること，最初に思っていたほど難しい課題ではないことがわかり，安心して取り組めるようになったと考えている。

　教科書本文では，日本の俳句の特徴を，伝統的な英詩と比較しながら説明し，海外で広まっている英語の俳句は日本古来の俳句とどう異なるかについて述べる構成となっている。具体的には前述の単元計画では，4 時間目に簡単な英語で日本古来の俳句について確認し，5 時間目に日本古来の俳句と英語俳句の違いを学び，海外の中学生の英語俳句作品を鑑賞するいう流れである。英語俳句の特徴として，「季語を必ずしも必要としない」「音節の数は日本古来の俳句ほど厳密ではない」「"Birthday Haiku" "Pop Culture Haiku" などのように，誕生日を祝うメッセージを込めた作品，日常生活で感じたことをそのまま英語俳句にした作品など，卑近な題材で創作された英語俳句もある」などの点で，日本古来の俳句ほど，ルールが厳しくない，また日本では川柳などに区分されているものも，英語俳句に含まれることを知り，英語俳句そのものへの理解を深め，生徒たちの創作活動への心理的ハードルを下げることにもつながった。教科書で挙げられている中学生の英語俳句の作品の中には「休日は目覚ましを止めて普段よりゆっくり起床する」のような題材も含まれ，「英語俳句の題材は必ずしも格調高い題材でなくてもよい」「川柳のような感覚で，感じたことを短い言葉，フレーズで表現すればよい」ということも生徒たちにとっては安心材料であったと言える。

　教科書本文を理解し，なぜ英語俳句では，「必ずしも季語を必要としない」「音節の数について厳しくない」などの特徴があるのか，生徒たちに考えさせた。季語については，「日本は四季に恵まれ，それぞれの季節に折々の風物があるけれど，外国には必ずしも四季があるわけではない」「日本と季節感が違う」などの意見が挙がった。また音節については「日本語の音節は数えやすいけれど，英語の音節は複雑」「英語で 5・7・5 のリズムをとることは難しい」などの意見があった。以上のことから，季語を含み，5・7・5 の 17 音で一つの世界を表現することは四季や美しい自然に恵まれた日本の風土と 5 音，7 音という音数が心地よいリズムや響きを作り出す日本語

の特徴が重なってできた，日本の固有の伝統文芸であるという結論に至った。そして俳句を通して日本の文化や日本に興味を持つ外国人も多く，短いことばで表現できることから，俳句は大変人気があり，外国の人々に受け入れられる中でそのあり方も変容したところがあることについても改めて触れた。その際，「日本の伝統が崩れる」という発言が挙がったクラスもあった。松尾芭蕉が確立し，その後日本人に親しまれた俳句は，日本人が誇る文芸の一つであり，前述のように日本固有の文化遺産でもある。その伝統を現代でも厳格に守り，創作活動を続けている作家も多くいる。そのような視点から考えれば「日本の伝統が崩れる」という見方は間違いではない。しかし，ある国独自の文化や風習などが，他の国の人々や異なる文化を背景とする人々の間で広まっていく時に，これまでのあり方が，受け入れていく人々の文化に合わせて変容していく現象はこれまでにも見られ，日本固有の俳句が英語俳句およびその他の形で外国に広がっていく時に通らなければならない段階でもある。日本固有の俳句の伝統を継承する流れと，俳句が受け入れる側に合わせて変容する流れ，生徒たちはどちらの流れも必要であることを理解したと考えている。

　夏休みの課題として，英語俳句の創作活動を課し，2学期にカードに俳句とイラストや背景をデザインさせ，展示して互いに鑑賞する機会を持った。創作活動にあたり，「3行で書く」「正確な文法に必ずしもこだわらなくてよい」「季節感を盛り込む（季語の使用）」などを条件として挙げた。リズムや形を意識させて，文法等はそれほど気にする必要はないが，日本人の文化や感覚にも少しこだわりを持たせたいと考え，季節感のある語彙を含めるように指導した。

　生徒たちがそれぞれの感性で，俳句を創作させ，一旦提出させた後，担当者が確認をして，画用紙でB6サイズのカードを用意し，展示用にデザインさせた。以下は生徒の作品例である。（ペンネームは一部筆者がつけたものもある。）

| | | | |
|---|---|---|---|
| New Year | My belly like | *Kagamimochi* | Azumauta |
| Light snow | A flower | Near spring | Hisame |
| Cherry leaves | Fluttering down | A pick rice cake | M. U. |
| Water drops | Reflecting in purple | Rainy season flowers | Summer |
| There is a young cat | The first summer with him | It's too hot for him | T. H. S. |
| Very very slowly | Silent forest and wind— | Fallen leaves | A. Y. |
| Go up a hill | With my bicycle | It feels like fall | M |
| Autumn dusk | Flash a grin | Pumpkins | Mao |

　日本の俳句や主だった俳人についても国語の授業での既習内容のため，作品を読んで，作品で描かれる情景が思い浮かぶものや小さな生き物への思いやりを感じるものなど，それぞれ好きな俳句や作風を思い浮かべながら創作活動をしたと思われる作

品，またあえて自由な作風で創作に取り組んだ作品も見られた。その他，今回は作品に季語を含むように指示を出したことによって季節感や四季折々の風物，また自然を観察して創作活動を行った点も成果と考えている。

またこの単元終了後，生徒たちに振り返りシートを記入させた際，英語俳句について次のような記述が見られた。

- ・俳句は国語の授業で学びましたが，英語の詩との共通点や相違点を知り，新たな学びとなりました。
- ・英語の俳句はとても自由で，日本の俳句と違った面白さがあると思いました。夏休みの俳句の課題では，自分の思い描いた情景が読んだ人に伝わるような俳句を作りたいと思いました。
- ・始めは英語の俳句が難しく思えて興味を持てなかったけれど，ルールが少なく簡単だと言うことがわかり，夏休みに俳句を書くことが楽しみになった。

## 本実践のふりかえり，授業者としてのまとめ

外国語（英語）の指導において，授業者は「ことばの習得」を最も大きな目標としている。しかし「ことばの習得」のみ授業で強調すると，文法・語法の指導に偏り，題材も本文の字面による解釈のみとなってしまう。そこで教材の中で扱われる題材について学んだり，使用される表現の奥にある筆者の意図まで掘り下げたりすることが，豊かな学びには欠かせない。本単元では言語材料の「現在完了」「現在完了進行形」を使用場面と併せて学習した。また「英語の俳句」の題材を通して，俳句や日頃慣れ親しんでいる日本文化・日本語について，その特徴も含めて，生徒たちが改めて考え，また日本語を母語としない人々や海外の人々にどのように受け止められているのか知る機会となった。

俳句が海外で受け入れられていく中で，日本古来の姿から変容していることについて，生徒たちからはさまざまな反応があった。俳句が世界に広まっていくプロセスにおいて，どちらの流れも必要であり，授業者は生徒たちに「この2つの大きな流れがあること」「ある国の民族の伝統・文化がグローバル化するときに，どちらの流れも必要であること」を学ばせたいと授業者は考えたが，その点について生徒たちは理解できたと捉えている。

外国語でのコミュニケーションは，多くは異なる母語話者同士，また異なる文化を背景とする者同士の間で行われる。それゆえ，視野の広い，多様なものの見方で物事を捉える力が必要であり，「ことばの習得」のみならず，多様性の観点を含めた指導は，単に外国語の習熟度が高いだけでなく，広い視野をもつ人材の育成にも欠かせないことであり，意義のあることだと言える。

# 校外学習

　本校では，毎年5月に全学年一斉に「校外学習」を実施している。各学年とも2泊3日の宿泊行事で，事前準備から生徒主体で作り上げる重要な行事である。

### 〈1年生〉長野県菅平高原…主に「自然体験」

　自然豊かなスキー場に面したホテルに宿泊し，森林散策，スケッチ，飯ごう炊さん，スポーツ大会，キャンプファイアなどを楽しむ。このほか，浅間山の火山博物館や長野市内の戦争遺跡「松代地下壕」の見学なども行っている。

### 〈2年生〉長野県白馬方面…主に「農業・農村体験」

　白馬五竜スキー場のふもとの民宿8軒に分宿し，田植え体験，「わら細工づくり」「おやきづくり」などのものづくり体験，残雪を利用した雪滑り体験，民宿の方との懇談等を行う。また，白馬村には農業用水を利用した「小水力発電所」があり，再生可能エネルギーに関するNPOなどの講話や見学も行っている。

### 〈3年生〉関西方面…主に「歴史・文化体験」

　奈良・京都に宿泊して，数々の世界遺産の見学を中心に，飛鳥地域散策，座禅体験，漆器等の絵付け体験などを行う。見学にあたっては，前年度からの事前学習をもとに見学候補地を検討し，グループやクラス単位で行動する。

　これらの行事は，一つは「学年・学級づくり」にとって大切な場面である。新しい学年が始まって間もない時期であり，寝食を共にすることで，仲間関係を急速に深めていくことができる。宿泊行事では，ふだん学校では見られない素顔もみられ，互いの個性を理解する貴重な機会となっている。

　もう一つは生徒の自主性，創造性を伸ばす場面である。各学年とも生徒による「校外学習委員会」を結成し，事前学習の分担から，団体行動や宿舎での生活の決まりなどを話し合いで決めたり，レク企画の内容に関する話し合いを生徒主体で進め，行事当日でもその進行を任せたりするなど，生徒たちに企画運営を任せるところが多い。1年生で委員になった生徒は，2〜3年生でも再び委員に立候補するなど，大変な仕事でもまたやりたくなるような楽しい経験であることがわかる。委員会を中心に，生徒たちが互いの意見をぶつけ合いながら，協力して作り上げる行事である。

（文責：石戸谷　浩美）

# 人生における豊かさ（or 幸せ）とは何だろう？

─┤ 多様性を理解するイメージ図 ├─

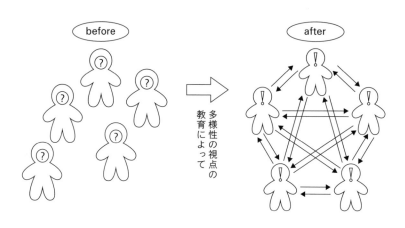

**Before** 自己認識がゆらぎ，他者との関わりが希薄になりつつある子どもたち

↓

**After** 他者の考えに触発され，自己認識が更新される子どもたち

## 道徳としてのねらい

● **相互理解，寛容**

→自分の考えや意見を相手に伝えるとともに，それぞれの個性や立場，見方や考え方があることを理解し，寛容の心をもって謙虚に他に学び，自らを高めていくこと。

● **よりよく生きる喜び**

→人間には自らの弱さや醜さを克服する強さや気高く生きようとする心があることを理解し，人間として生きることに喜びを見いだすこと。

## 多様性を理解する視点

○個人の価値観の多様さに気づき，違いを認め合えること
○自身の現在や将来を見つめ，自己認識を深めること

## 実践の流れ（全1時間）

### ①本時の見通しをもつ

　学習課題「自分の人生を豊かに or 幸せにしてくれるものは何か？」を知らせる。導入として，生徒たちと関わりの深い教師に対して，事前に行っておいた回答を提示し，他者の価値観や考え方にふれることの意義について考えさせる。

### ②付箋に書き出す

　「自分の人生を豊かに or 幸せにしてくれるもの」を付箋に書き出す。自分にとってより重要なものは「赤」の付箋，次に「黄」，「青」の順で重み付けを自分で判断しながら，付箋に書き出していく。

■ **赤の付箋**

友達／仲間／経験／生きていること／家族／夢／趣味／睡眠／成長／音楽／ゲーム／経済的余裕／夢中になれるもの／自由／推し／学力／笑顔／時間／周囲からの評価／愛／食事／アニメ／読書／スマホ／仕事／風呂／家／ペット／人との交流／知見を得る時…

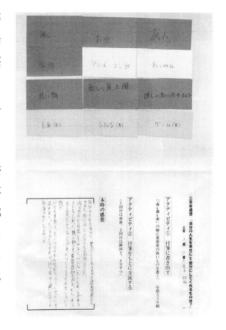

■ **黄の付箋**

挑戦／成長／金銭的余裕／漫画／経済的な余裕／夢／趣味／ゲーム／アニメ／スポーツ／食事／友達／睡眠／ストレスからの解放／成績／部活動／自然／日常／休息／自分への評価／推し／周囲の人の幸せな表情／思い出／一人でいられる時間・空間／音楽／信頼できる相手／笑い…

■ **青の付箋**

家族／ゲーム／睡眠／スポーツ／趣味／食事／娯楽／会話／運動／好きなことをしている時間／サッカー／スマホ／掃除／笑顔／買い物／経済的余裕／漫画／パソコン／アニメ／一人の時間／夜景／人とのつながり／風呂／友達／旅行／安心感…

### ③交流する

　書き出した内容を他の生徒と見せ合い，交流を行う。交流場面を通じて，新しい内容を書き足す場合は「緑」の付箋を使う。また，重み付けの色を変えたい場合も，「緑」の付箋で何色から何色に変えるのかを記入する。

### ④映像を視聴し，あらためてふりかえる

　「プロフェッショナル　仕事の流儀　院内学級教師・副島賢和」（2011年，NHK）を視聴したうえで，本時全体をふりかえって学習感想を書く。

## 子どもの姿・エピソード

### S1 の場合

　S1 は赤の付箋に「推し」と書き，青の付箋で「推しの缶バッチ，キーホルダー」と書き出した。「推し」とは，自分が最も応援しているアイドルやキャラクターのことを一言で言い表した言葉である。S1 は「グッズは手元に残るから大事ではあるけど，結局それは推しという存在があるから大事なのであって，推しそのものがいないと意味がない。」と言った。S1 にとって「推し」とは，ただの趣味や嗜好の域を超えて，自分自身のアイデンティティに関わるような存在として記述する様子が見られた。一過性の熱というとらえ方もある一方で，単純な流行に感化されているだけでなく，「推し」を応援する自分，という自分自身をメタ認知している側面も見られた。文化的多様性に充ちる現代を生きる生徒たちの生々しい感性と在り様が伝わってくる。

　また，S1 は本時の感想として「自分の人生を幸せに，豊かにしてくれるものを改めて考えてみると，自分がどんな人なのか見えてきた。近くの人と交流してみると，みんないろんな考えがあるんだなと思った。同じ物でも重要度が違っていて，考えもしなかったようなことがあったりしてとてもおもしろいと思った。」と記述した。本時の学びが刺激となり，自分自身を内省するきっかけとなったことが推察される。

### S2 の場合

　授業者は本時で「揺さぶり」をかけるために映像を視聴させた。そうすることで，「幸せ」とは何なのか，自問自答してほしいと考えたためである。また，そうすることで，人それぞれに価値観や背景が異なり，各自の想いや立場が尊重されることの大切さに気付いてくれることを期待した。

　S2 は，本時の感想として次のように記述している。「幸せというのは人それぞれで，下を見ても上を見てもキリがないです。ですから，自分達が今回書いたたくさんの『幸せ』は，ビデオを見て『なんて大きい幸せなんだろう』と思いました。『幸せ』は比べるものではないと，分かっています。でもビデオの中の子供達の望む幸せは私達の日常です。だから自分は，自分なりの幸せを見つけても，色々と考えてしまうと思います。」

　学習感想の中には，S2 の中で生まれた葛藤と自己との対話の萌芽が透けて見えるようである。S2 なりに熟考し，ためらいつつも想いをつづっている様子が伝わってくる。机間指導をしている中で気付いていれば，ぜひ教室で共有させたかった感想である。他者との関係やつながりの中で自己を考える，という視野を獲得した姿だと考えられる。

### S3 の場合

　赤の付箋で，「知見を得るとき」というものがあった。S3 は，根っからの読書好き

で，部活動はオムニサイエンス部に所属している自称科学オタクで，よく自分の好きな本や，科学の実験のことなどを周囲に話しかけている。授業後に授業者から「どうだった？」と S3 に感想を求めた。すると，「一番大きいのはこの『知見を得ること』だっていうのが分かりました。実験とか，本を読むのは好きだけど，やっぱり嬉しいのは，それらを通じて新しい知見を得る時だって気づいたから。」という言葉があった。S3 は，比較的，自分自身や自分の認めた領域のこと以外には，視野が狭くなる生徒である。それゆえ，他者との関わりも限定的であったり，無自覚にシニカルな態度をとってしまいがちだったりするところがある。本時では，緑の付箋として「星を見る」と「こだわり」の2枚が書かれたのみだった。授業者としては，他者との関わりから，さらに多様な観点にふれて変容してくれることを期待したが，その点ではもう一歩深まりが足りなかったと言える。ただ，S3 にとって本時は，自分自身をふりかえり，自身の行動原理や動機付けの原点をメタ認知することにつながったと考える。

## 本実践のふりかえり，授業者としてのまとめ

　本実践では，「人生における豊かさ（or 幸せ）とは何だろう？」をテーマに道徳の授業を行った。受験期のただ中にある中学3年生にとって，立ち止まって自己をふりかえるゆとりはなかなか持つことができない。そこで，授業者としては，そんな時期にある子どもたちに対して，じっくり自分自身を見つめ直す機会をもってもらいたいと考えた。

　学習感想の中で，「幸せについて考えることで自分自身を知ることにつながった」というものや，「自分の幸せについて考えていた時間そのものが幸せな気持ちにしてくれた」というものがあり，授業のねらいは一定程度達成することができたと言える。しかし，授業時数の関係から，交流する機会を最低限しか設定できなかったことや，付箋全体を俯瞰して自分自身をメタ認知させるような時間を十分に確保できなかったこと，本時の学びを言語化して表現して交流させる機会をもてなかったことは残念であったと考える。

　道徳実践では，自己対話を通じて内省を深めていく手法はよく実践されている。本実践では，そこに意図的に他者との対話や異なる背景や境遇と出会わせることで多様性の教育との接点を作ることとした。道徳での学びを，実生活やこれからの社会生活へと結びつけていこうとする生徒の声が多く上がったのは，多様性の教育の観点を取り入れた一つの成果ととらえている。

# 「ほんわか言葉とチクチク言葉」
## ―「言葉」「言葉遣い」を考える授業で多様性を理解する―

─────┤ 多様性を理解するイメージ図 ├─────

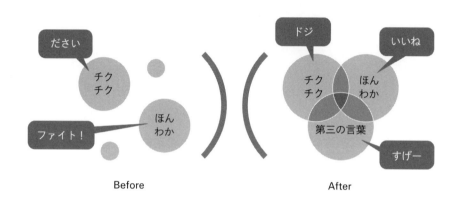

| Before | 学校生活に不安を抱えながら，なかなか解決の糸口をつかめない子どもや，目標を見失いがちで確かな足場を築けないまま過ごしている子どもたち |
|---|---|

↓

| After | 他者の考えに触発され「言葉」が引き起こす感情に気づき，肯定的な人間関係が育つために必要な「言葉遣い」について考える子どもや「言葉」をふり返ることからさまざまな価値観＝「多様性」の存在に気づき理解をする子どもたち |
|---|---|

## 道徳としてのねらい

● 思いやり，感謝

→思いやりの心をもって人と接するとともに，家族などの支えや多くの人々の善意により日々の生活や現在の自分があることに感謝し，進んでそれに応え，人間愛の精神を深めること。

● 相互理解，寛容

→自分の考えや意見を相手に伝えるとともに，それぞれの個性や立場を尊重し，いろいろなものの見方や考え方があることを理解し，寛容の心をもって謙虚に他に学

び，自らを高めていくこと。

# 多様性を理解する視点

○相手への思いやりをもって今後の学校生活を送ること。
○自分はいいと思っているけれど相手によって感じ方が違うので言葉遣いに気をつけ，相手の立場に立って考えること。

## 実践の流れ（全 2 時間）

### ①本時の見通しをもつ

　本時のねらい

---

・「言葉」が引き起こす感情に気づき，肯定的な人間関係が育つために必要な「言葉遣い」について考える。
・「言葉」をふり返ることからさまざまな価値観＝「多様性」の存在に気づき，理解する。

---

　「今のみなさんの〈言葉〉〈言葉遣い〉について考えてみたいと思います。エンカウンターとして行うので，感じたことや気づいたことを大切にしてください。」今回の実践において，「言葉」「言葉遣い」に対する活動であることを確認した。グループ学習でどのようなことを目的として，何を目指して，どのような学びを得ることをねらっているのか，このことを明確に示すことで，生徒たち自身が交流する部分をより目的意識をもって行うことができると考えた。単に「おしゃべり」で終わらない，終わらせないために生徒自身の意識づけを行った。

### ②活動 1「ほんわか言葉」と「チクチク言葉」を探す

　生徒一人ひとりが自分たちの今までの「言葉」「言葉遣い」をふり返りグループ毎に意見を発表する活動である。実際に生徒たちは「個」の学び，考えを表出するために「付箋」に自分たちの言葉遣いについてふり返りながら「言葉」を記入して「ほんわか言葉」と「チクチク言葉」を模造紙に貼付していった。多くの生徒たちがどんどん付箋を書き進めていく一方でなかなか筆が進まない生徒もいた。「ほんわか言葉」「チクチク言葉」ともに，多くの生徒たちの書いた言葉で埋め尽くされたが，班によってはその量の多少の違いも見られた。決して沈黙の中で行われた活動ではなく，一枚

「付箋」を貼っては，またはがし，「どちらに貼るか」「本当にこの言葉でよいのか」といった話し合いが行われながら貼付していった。

### ③活動2「ほんわか言葉」と「チクチク言葉」と迷う「第三の言葉」を探す

「ほんわか言葉」対「チクチク言葉」両方の言葉に込められた「思い」や「気持ち」。どちらにも分けられない，あるいはどちらにも含まれる「言葉」の位置づけ。そこから，「言葉」や「言葉遣い」を考えたときに生まれる「多様な価値観」。「ほんわか言葉」「チクチク言葉」どちらにも当てはまり，どちらにも当てはまらない，「第三の言葉」を探していった。実際には，生徒たちの多くが，「ほんわか言葉」や「チクチク言葉」から，「第三の言葉」＝どちらの意味にも使える言葉，をどんどん見つけ出し，可視化していった。特に三色の付箋が入り交じりながら，模造紙に貼られるグループが多く見られた。18グループ中16グループが「第三の言葉」に「ほんわか言葉とチクチク言葉」を移した。そのうち，両方の言葉からうつしたグループが9グループ，「ほんわか言葉」からだけ移したグループが7グループあった。「第三の言葉」にわざわざ書き換えたグループもあった。

### ④活動を踏まえてふり返る

　生徒一人ひとりが，もう一度，自分たちが考えたグループ分けを参考にふり返りを行った。「個」→「グループ」→「全体」→「個」に戻す活動は，教科も道徳も同じようにふり返りでは大きな成果を生むと考えられる。特に，全体で発表した生徒については，他の生徒より一歩踏み込んだふり返りをすることができた。

## 子どもの姿・エピソード

### (1)「他者理解」を経て自らの「自己内対話」「個人内対話」の重要性　S1 女子

　チクチク言葉など，自分でも案を出してみたものの，自分でも「チクチク言葉」に何の抵抗を感じずにいっていたことに気づきました。そういった言葉に慣れていて人を傷つけたりしていたことがあったのではと思い，怖くなりました。わたしもこれからふとしたときに，意識しなくてはと思いました。ほんわか言葉と思っていても第三の言葉のように，人をいやな気持ちにさせることがある言葉も自分で考えてみたから

こそ気がつけたと思います。

### （2）「言葉の多様性」 S2 女子

　今まで言葉一つ一つを分別して，それを可視化したことがなかったので面白かった。また，人によってその言葉を聞いたときの感じ方が違うんだなと思った。（例ふーんが「第三の言葉」，ドンマイが「第三の言葉」あーあが「第三の言葉」）今日の授業で人それぞれ言葉（一つの）に対する印象が違うということ，そして言葉の中には人を傷つけるものがあるということを改めて知れてよかった。（人を傷つけるチクチク言葉，そして相手によってはチクチクと感じる第三の言葉は使わないようにしようと思った。）

### （3）「立場の多様性・多面性」 S3 男子

　自分が相手に対して，ほめたり，あやまったりしているつもりでも相手はあおられたり，けなされたり，また馬鹿にされているようにも感じ取ってしまい，トラブルにもつながってしまうのだなということに気づきました。思えば，自分も過去にそういうことがあったので，これからは気をつけていきたいです。そのためには，相手の立場になっていることも大切なのだなと思いました。

### S4 女子

　言葉は，必ず誰かに言う。その一つ一つの言動が，相手にどういった感情を与えるのか。改めて考えてみると，たくさんの言葉があったことがわかります。みんながほんわか言葉だけを使えば，誰も傷つくことはないのではないか，そうも考えました。だけどそれで，相手と本当に仲良くなれるのか，本当の友情などはできるのかというのはよくわかりません。自分の悪いところに気づくこともできません。強く言ってくれたから成長できたこともたくさんあると思うから。私は，今回のエンカウンターで，チクチク言葉のちょっとした必要性も感じることができました。普段は『言葉』とか『言葉遣い』について考えたこともなかったけど今日改めて考えてみると言葉は，自分で気づかないで発しているなにげない言葉の一つ一つが相手を傷つけているかも知れないと考えました。これからは，一つ一つ考えてから言葉を使っていきたいと思いました。普段の生活を見直すいい機会になりました。楽しかったです。ありがとうございました。

## 本実践のふりかえり，授業者としてのまとめ

### （1）「チクチク言葉」と「ほんわか言葉」と「第三の言葉」の関係性

　実践を行う前は，「チクチク言葉」「ほんわか言葉」の多くが時と場合によってよく

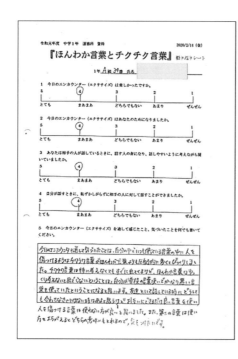

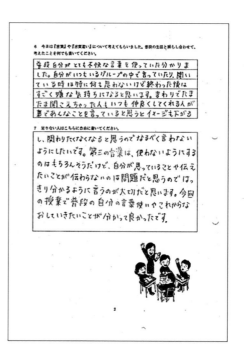

も，悪くもなる「第三の言葉」になると思っていた。「第三の言葉」を追記するのは
ごくわずかと思っていたが，すべてのグループが新しい「第三の言葉」を書き出して

いた。指示が徹底せず，「第三の言葉」に「チ
クチク言葉」「ほんわか言葉」を書き直した
ケースもあったが，改めて「中途半端な言葉」
という認識で「第三の言葉」を書き出したこと
が予想を超えて多くあった。特にふり返りの中
にもあったが，友達とのよい関係を築こうと気
を遣うあまり，あまりはっきりとした厳しいこ
とを明確に伝えることなく，どっちつかずの
ニュアンスを伝えようとする傾向があることが
わかった。「ほんわか言葉」は勿論「チクチク
言葉」も時と場合によっては使う必要がある，
という意見は，生徒の日常の実態に沿った意見
であった。

## （2）「言葉の使い方」と「多様性」

　「チクチク言葉」を廃して，「ほんわか言葉」
を使っていこう，という二項対立ではなく，同
じ言葉での「使い方」の違いを意識していこう
というところに多様性が感じられる実践となり

きれたか，疑問が残る。一歩間違えば「チクチク言葉」使用の容認となり，傷つけるかもしれない「危険な言葉」との隣り合わせとなりうるという実情もある。「多様性」を認めることと，どんな言葉を使ってもいいということは必ずしも同じではないので，その意味をもう一度しっかりと問う必要性を感じた。生徒自身に「なぜ『第三の言葉』にしたのか」という議論や理由づけをすることで，より明確にすることができたのではないか，と考えた。

### （3）グローバル化，多様化のその先にあるもの

　生徒自身が「道徳」の授業の中で「多様性」や「グローバル化」など，さまざまな視点で物事を考える機会を得ている。我々はその機会を「道徳」という授業実践の中で提示しているに過ぎない。「言葉」や「言葉遣い」といったテーマで日頃の自分たちの「言葉遣い」をふり返ることで，「言葉」の持っている多様性を感じ取ることができる。それは，こちらの意図した内容の「多様性」というものではなく，むしろ自分たちで問題解決に向けて考えていったときに生まれる産物である。考えているときに「可視化」することで互いの問題点も明らかにすることができ，自分の思考も整理することができる。今回の「ほんわか言葉とチクチク言葉」そして「第三の言葉」の実践は，生徒たちの日頃を「言葉」を通してふり返るだけでなく，そこに潜む潜在的な「価値観」「道徳的諸価値」を明らかにする一助になったと考える。ただ，生徒たちが考える「多様性」は授業者が用意している想像を遥かに超えて，さまざまな方面へと伸びている。そこにストップをかけるのではなく，互いの違いを認め合った上で，さらに自分の新たに見つけた価値観を安心して共有することができる場作りを行う必要がある。「道徳」の授業がその空間になることができたら，これ以上の喜びはない。

参考文献：
菊地圭子　東京学芸大学附属竹早中学校紀要「多様性を理解する『ほんわか言葉とチクチク言葉』
　　―『言葉』『言葉遣い』を考える授業で多様性を理解する―」2020, pp.63-74.

# 自分の思考の「クセ」を
# 振り返ってみよう

┤ 多様性を理解するイメージ ├

なんかよくわからないけど，
全部うまくいかない。
この先どうしたらいいか…

私は物事をマイナスに考えたり，
極端な結論にしがちだから，
うまく切り替えていこう!!

**Before**　自分の思考の「クセ」に無自覚である子供たち

**After**　自分の思考の「クセ」を踏まえた言動を考えられる子供たち

## 道徳としてのねらい

### ●向上心，個性の伸長

　学習指導要領でこの項目は，「自己を見つめ，自己の向上を図るとともに，個性を伸ばして充実した生き方を追求すること」と説明されている。この文言を前提とし，「自己を見つめ」ること，「個性を伸ば」すことに資する実践を目指す。

### ●相互理解，寛容

　学習指導要領でこの項目は，「自分の考えや意見を相手に伝えるとともに，それぞれの個性や立場を尊重し，いろいろなものの見方や考え方があることを理解し，寛容の心をもって謙虚に他に学び，自らを高めていくこと」と説明されている。この文言を前提とし，「それぞれの個性や立場を尊重」すること，「いろいろなものの見方や考え方があることを理解」することに資する実践を目指す。

# 多様性の教育としてのねらい

〈多様性を理解する〉ことが本実践のねらいである。生徒は活動を通して，人間の思考の「クセ」の類型を知ることができる。また，そのタイプごとに自分自身がどのような反応を示しうるかについてこれまでの人生をもとに内省したり思考したりする機会をもつ。これらの経験が，人間の思考の多様性について理解を深める契機になると考えた。

## 実践の流れ（全2時間）

### （1）1時間目：向上心，個性の伸長

　a）　会話のなかで食い違いが生じている事例を紹介し「なんで食い違うんだろう？」と発問，様々な食い違いの要因を洗い出す。（全体ブレスト）

　b）　授業者より「思考のクセ」という観点を提示する。（教示）

　c）　事例を読み，共感できる項目（考え方）にチェックをする。（個人ワーク／選択）

　d）　6つの思考の「クセ」を紹介する。（教示）

　e）　授業者の「クセ」の分析結果を紹介する。（例示）

　f）　自分の「クセ」を分析してみて感じたこと，考えたことなどを感想として書き留める。（個人ワーク）

### （2）2時間目：相互理解，寛容

　a）　前回の授業の内容の振り返りをする。（提示）

　b）　自分の「クセ」を思い出す。（省察）

　c）　6つの思考の「クセ」に相対した場合の自分の感じ方や振る舞いを想定する。（個人ワーク）

　d）　それぞれの個性や立場を尊重するための言動を考える。（個人ワーク）

# 子どもの姿・エピソード

## 【1時間目】

### S1の場合：自分の思考の「クセ」に自覚的になった瞬間

　　僕の「クセ」はA・B・C・Eだった。特に「E」にかたよっていた。自分では「そうかな？」と思ったけど，よく考えてみたら「クセ」なんて自分では何かきっかけが無い限り気付けないなと思った。

　S1の記述には，教師に提示された「クセ」に対する自分の当てはまりかたへの驚きが見られる。このような体験が，自分の思考の「クセ」を踏まえた言動の模索につながることを期待している。

### S2の場合：自分の思考の「クセ」との付き合い方を模索しようとする姿

　　自分は感情で物事を決めがちで，少し完ぺき主義ということが，わかりました。考えてみれば，そうかもしれないなと思います。少しマイナスな表現でクセを書いてしまいましたが，時にはプラスのことに続る（原文ママ）ことがあると思うので，このクセを良い方に生かしていきたいです。

　S2の記述からは，〈じゃあどうするのか〉という次のステップへの思考がうかがえる。自分の思考の「クセ」に関するワークは，自己との向き合い方やその先の他者との付き合い方を考えていくための準備段階に過ぎない。その意味でS2は，すでに次のステップへと進もうとしている。

## 【2時間目】

### S3の場合：「相手の立場になって」というアプローチ

　　今自分がやろうとしていることは相手にとってどう思うのかを考えてみる。ようするに相手の立場になってその行動をどう思うのかを考えることが大切だと思う。このことを意識して行動することでその人なりの相手への尊重になるのではないだろうかと私は思った。

　〈個性や立場を尊重するための言動〉について問うた2時間目のワークでは，S3の記述にあるような〈相手の立場になる〉志向が散見された。教育現場でしばしば語られる方策だが，多様性を考えるうえでは慎重に考えたいところでもある（詳細は後述）。

**S4 の場合**：関わりの重心を模索する生徒

　私はよくその相手に合わせて自分の性格を変えてしまいます。八方美人という人もいるかと…でも逆に合わせすぎて何をして誰といる時の性格が本当の自分かが分からなくなりました。それが，間違えた尊重だと後悔しています。内容や状況をしっかりふまえた上でお互いを尊重しあい，なるべくお互いの意見を取り入れ，全員がその意見に心から納得できたら尊重といえるのかなって思います。そのためには，自分ばかりの思考ではなく相手を思いやりながらも，自分を大切にする事が大切なのかと…

　S4 は実体験に基づく葛藤を記述している。そのなかで「相手を思いやりながらも，自分を大切にする事が大切」であろうという，鋭い指摘がなされている。

## 本実践のふりかえり，授業者としてのまとめ

　本実践では，自己理解と相互理解を関連付けるかたちで多様性の理解に迫った。その背景には，他者と互恵的な関係を築くうえでは自己理解の深まりが重要であるという授業者の考えがあった。

　生徒の記述を見ると，自分の思考の「クセ」について考える機会が自己理解の深まりに貢献している様子がうかがえる。また 2 時間という少ない時間数であっても，自ら相互理解の模索までステップを進める生徒もいた。こうした姿に驚き，中学生の秘めたる可能性を感じつつ，他方でその思考の危うさも垣間見た。例えば，S3 の記述に代表される〈相手の立場になる〉という考え方。素敵な考え方にも見えるが，この場合の〈相手の立場〉というのが自身の想像の産物であることは忘れてはならない。このことを踏まえずに話を進めてしまうと，それはどこまでも〈想定された相手〉に対する思慮であり，実在する相手を無意識に蔑ろにしてしまうことになる。

　実在する相手と〈想定された相手〉とのあいだには決して連続性が無いことを強調したうえで，だからこそ，対話の場をもって相手と交流することが重要であると生徒に伝えていきたい。相手を分かったつもりになるような表層的な対話ではなく，互いが考えていることは完全には分かりあえないという前提を共有したうえでの，丁寧な対話を構築していきたい。

　また，S4 が指摘するように，相手ばかりではなく自分のことも大切にできるようなマインドを養う必要がある。共生社会を目指すうえでは，しばしば自分自身の心身の健康を蔑ろにしてしまうことがある。しかし，それでは長期的に持続可能なかたちでの共生は難しく，いつかどこかに歪みが生じてしまう。そうならないためにも，自分を大切にするとはどういうことか，丁寧に扱っていきたい。

# 誰もが望む，より良い世界
## ―TMT建設の是非・多数の幸福と少数の意見―

**┤多様性を活かすイメージ図├**

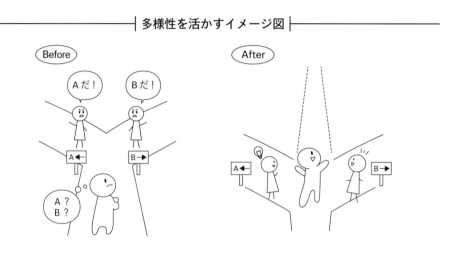

**Before**　対立する2つの意見のどちらが良いかを考える。

**After**　　対立する2つの意見それぞれに耳を傾け，解決の方法を求める。

## 実践のねらい

　多数の意見の実現のために少数の意見が尊重されないという問題を解決しようとする姿勢を生徒から引き出す。

## 多様性を活かす視点

　2つの意見が対立している場面を発問の題材として扱う。

### ポイント①異なる視点に気付かせる

　第1時でハワイ島におけるTMT（30メートル望遠鏡）建設の是非を問う。第2時では賛成と反対の意見をそれぞれ発表させる。TMT建設に賛成する生徒は科学の発展によって人類を幸せにするという理由があり，反対する生徒はネイティブハワイアンの文化を尊重するという理由を持っていることに注目させる。生徒が持つ考えをクラス内で共有することにより，自分とは異なる視点を生徒に気付かせる。

### ポイント②対立する2つの意見を両立させようとする姿勢を引き出す

　第3時では，多数の意見の実現と少数の意見の尊重の2つが対立し，多数の意見のために少数の意見が切り捨てられる，という内容について生徒に考えさせる。多数の意見の実現のために少数の意見が尊重されないという問題を解決しようとする姿勢を生徒から引き出す。第3時では，生徒から，多数の意見の実現と少数の意見の尊重，という2つをそれぞれ成り立たせようとする姿勢を引き出すために，発問は択一の選択肢ではなく，生徒が自分自身の考えを記述できる形式にする。

## 実践の流れ（全3時）

### ①第1時

　TMT の建設予定地であるマウナケア山の写真を示しながら，斜面が緩やかで晴天率が高く，周りに人工物が少ない，という望遠鏡の建築に適した場所であることを，写真を確認しながら説明した。また，ネイティブハワイアンの文化や近代における迫害の歴史を説明した。

　その後，TMT 建設の反対運動について説明を行った。TMT 建設を推進する国際グループの人たちは，ハワイで生活をしながら天文学の授業をハワイの学校で行ったり，ネイティブハワイアンの文化を学んだりして，ネイティブハワイアンの人に歩み寄り，建設計画に理解を示してもらおうと努めている。しかし国際グループの提案した建設計画の反対運動を行う人たちは受け入れなかった。反対運動が長期化して反対運動を行う人に逮捕者が出た。このような事実をもとに以下の発問を行った。

　第1時の発問「あなたは TMT 建設に賛成ですか？　反対ですか？」生徒に賛成，反対，のどちらかを選ばせ，そう考えた理由をワークシートに記入させた。

### ②第2時

　第1時に生徒の記入した意見を発表させ，クラス内で挙がった意見を共有した。

---

**賛成**　・科学の発展によって人の生活は良くなる

・大きな発見や研究の成果は世界中の人と共有できる

・建設計画はネイティブハワイアンの人に十分歩み寄っているので，反対運動をしている人も歩み寄るべき

**反対**　・命がけで反対運動をしているのだから慎重に決めるべき

・昔，ネイティブハワイアンの人は西洋から来た人に迫害された歴史がある

・国という大きな力によってネイティブハワイアンの人たちが辛い思いをすることが間違っている

---

　賛成と反対の意見を共有した後，これらの意見を持った理由に，科学の発展と文化

の尊重というが含まれていることを確認し，以下の発問を行った。

　第2時の発問「科学技術と文化の保護のどちらを優先すべきか？」　第2時の発問は科学技術，文化の保護，その他，という選択を用意し，3択で選ばせ，理由をワークシートに記入させた。

### ③第3時

　第2時に生徒の記入した意見を発表させ，クラス内で挙がった意見を共有した。

---

**科学技術を優先**　・科学は発展すれば未来に繋がる　・科学技術で文化を守る
**文化の保護を優先**　・失われたら戻らない　・科学は戦争に使われる可能性
**その他**　・科学を優先したいが，それは文化を尊重することが前提

---

　生徒が発表を行うと，クラス内では，どちらか一方を選べない，という意見が多数現れた。また，科学と文化の選択肢のうち，どちらか一方に決めなくては解決にならないという話題に移り，どのように決定をするか，その方法について以下のような意見が挙がった。

---

・どちらかを決められない場合はじゃんけんで決めれば平等
・じゃんけんだと，少数の意見が勝つこともあるため多数決の方が平等
・多数決で決める制度の国が戦争をするなど，多数決が必ず正しい答えを出す
　とは限らない

---

　多数決以外の方法が望ましいという意見が一部の生徒から挙がり，多数決に代わる方法についての意見が挙げられた。その後，以下の発問を行った。

　第3時の発問「多数の人を幸せにするために，少数の人の想いが犠牲になるのは仕方ないことだろうか？」

---

・全員が同じ事を願うことは絶対に無い，意見は必ず分かれる
・仕方ないが納得はできない　　・平等を目指すのは難しいので仕方ない
・全ての意見を反映できるのが理想　・正しい意見を訴え続けることが大事
・少数の意見を反映させるには多数決では不可能なので暴力に訴えるしかない
・どんな意見でもきちんと伝えれば考えは変わる，暴力では解決しない

---

　これまでの意見を振り返り，本時の感想をワークシートへ書かせ，本実践を終えた。

## 子どもの姿・エピソード

生徒 A のワークシートの記述より

---

**第 1 時「あなたは TMT 建設に賛成ですか？　反対ですか？」**

逮捕者が出てしまっている。逮捕された方はただ自分たちの文化を守ろうとしただけなのに。このままだと，何も解決しない。

---

---

**第 3 時「多数の人を幸せにするために，少数の人の想いが犠牲になるのは仕方ないことだろうか？」**

仕方のないことではない！犠牲になる必要はない。ネイティブハワイアンの方達の思いをこわしたくない。美しい文化を残したい。①多数の人が幸せになっても少数の人が幸せじゃなかったら意味がないと思う。

---

---

**実践後の感想**

少数の方々も大人数の方法も幸せになる方法はないのかなと思いました。②最初は文化を守ることしか考えていなくて勝手に大人数が悪いと決めつけていたけど，科学が進むと幸せになる方もたくさんいるということが分かり，とても悩みます。③どちらかがおわるしかないのか…　そんなことはないと思います。

---

　生徒 A は第 1 時ではネイティブハワイアンの人たちの立場で TMT の建設に反対を示していた。第 3 時では①＿のように少数の立場の人の心情をくみ取る姿勢が読み取れる。一方で，社会全体の利益という視点からは記述されていなかった。実践後には，②＿のように，異なる立場に立って考えられるようになったことが読み取れる。また，同時に自分自身を俯瞰的に捉え，自分自身の考えを見直している。多数決において，意見が対立した場合，どちらか一方のみを取り入れず，両者の意見を取り入れようとする姿勢を引き出せたことが③＿から読み取れる。

## 本実践のふりかえり，授業者としてのまとめ

　少数の意見が多数決で切り捨てられるという内容に発問に対して，少数の意見を切り捨てることに反対する記述が多くの生徒に見られたことから，より良い社会の実現には，安易な多数決による決定ではなく，少数の意見を尊重することが大切であると，生徒に感じさせることができた。また，2 つの意見が対立している発問に対し，何とか課題を解決しようとする姿が見られ，ねらいにせまることができたと考える。

# 多様性という視点で見た
# 生徒関係の考察

　本校は附属小学校から入学する生徒と受験を経て入学する生徒が在籍している。公立の中学校とは異なり，既に関係性が確立している生徒がいるなか，誰一人知り合いがいない生徒がいるという構図である。しかしながら，入学して数ヶ月で，附属校から入学する生徒と受験を経て入学した生徒に境目は全く存在しない。それを単なる生徒の柔軟性や性質で片付けるのではなく，多様性といった視点から見直してみると，多様性を理解する場面と活用する場面で生徒の関係性を考察することができた。

## 多様性を知る3分間スピーチ

　本校では生徒が発言する場面が多い。授業中はもちろんのこと，学級活動の時間でも多くの場面を設定している。それは，考えていることは言わなければ分からないという前提や，話している様子にその人自身の特性が顕在化するからである。

　1年生の学級活動の中に，3分間スピーチというものがある。3分間スピーチとは，自分が熱中していることや，周りの人に知って欲しいことなどを3分間かけてスピーチする活動である。例えば，好きな電車についてロイロノートを用いて映像を交えながら話したり，折り紙の趣味について実際に自分で作ったものを持って来たりする。教員がどのように発表するのかを指定することはなく，複数の発表方法を紹介した後，生徒が自分で考え発表の方法を決める。先ほどの例とは異なり，原稿用紙に書いた自分の原稿を見ながら下向きがちに恥ずかしそうに話す生徒もいる。発表する内容だけではなく，発表する方法や仕草にもその人自身を見ることができる。そして，そこには確かなフィードバックも存在する。クラス全員が一人一人感想を付箋に書き，発表した生徒に渡す。そこでは，自分の発表がどのように受け取られたのか，自分がどのように見られているのかを知ることができるだけではなく，自分が新たに興味を

持ったことを他者に伝えることもできる。こういう場面の設定が自分と他者の多様性を結びつけることに作用している。

さらに，興味深いのが他者の発表を聞いて自分の発表方法を変更したいという生徒が出てくることだ。他者に影響され自分の行動を変容させる姿である。そこでの教員の役割はそれを共有することであり，「こういう生徒がいるよ。みんなはどう？」と聞くだけで，その輪は広がっていく。多様な生徒に触れ，生徒それぞれが影響を受け，変わっていく様子が見ていて気持ちがいい。

## ラベリングを多様性まで引き上げること

本校では，多様性を意識した授業や活動が行われているが，生徒は，その経験をどのように生かすことができるだろうか。問題行動という角度から考えてみたい。問題行動を起こす生徒は周りの生徒から怪訝な目で見られたり，避けられたりすることが想定される。誰も，自分に嫌なことはされたくないからである。本校にも，喧嘩になって暴力を振るってしまったり，暴言を吐いてしまったりする生徒はいる。教員は，その問題行動の「結果」だけを見ずに，その生徒が抱える問題やその生徒の特性を正確に捉え，支援していくことが求められる。しかし，生徒も同じように「結果」にだけとらわれることなく，関係性を築くことはできないだろうか。

ある生徒が問題行動を起こす生徒に対して「あいつは，怒りっぽい性格だから」「あいつはすぐ暴力を振るうから」という発言をしたとしよう。これは，その生徒に「怒りやすくて暴力を振るう怖いやつ」というラベリングをしたと見ることができる。このような「結果」のラベリングでは，生徒間に溝が生じることになる。

しかし，多様性という視点で見れば，多様な人がいることが大前提になってくる。そうすると，怒りやすい人は居ても当然で，そういう人とどのように関わっていくのかを見出すことの方に価値があると考えることができる。そういう視点を生徒と共有することで，みんな違って当たり前で，どのように接するかが大切であることを気づかせることができる。すると，「結果」のラベリングが多様性へと変わり，その多様性を認め，活用していくことによって人間関係を再構築することができるのである。

多様性を知ることから，その人自身の特性を顕在化させるような日常生活に人間関係の発生を見ることができ，多様性を活用することから，人間関係の継続を見ることができる。多様性の理解や活用を学校や教員が意識しているということ自体が，生徒に影響を与え，日常生活にも影響を与えるのではないだろうか。

（文責：清和 隼弥）

# 真の理解に基づく多様性を目指して

　2021年に入って，これまで以上に「多様性」という言葉を毎日のように耳にするようになった。その一因は，東京2020オリンピック・パラリンピック開催に関連したジェンダー，人権保障などに関する問題が日々，報道されたことであろう。その結果，「多様性の尊重とはこうあるべき」という理想の追究ではなく「これは多様性が尊重されていない状況である」と規定し，そうならないための対策を講じることで多様性を担保していると思えてならない。しかし，これは多様性の本来の姿ではない。

　本校においては，生徒の言動から「男女共同参画社会」や様々な背景を前提とする個人の尊重など，多様性に関する意識は高いと感じる。そこで，本校が目指す多様性を「多様性を尊重していない状態ではない」という段階から，真の理解に基づく多様性の実現に向けて必要なことを日常生活から考えてみたい。

## それであなたは面接に行けますか？

　筆者は，2021年4月に本校に着任した。本校着任前は，埼玉県内の公立中学校，埼玉大学教育学部附属中学校に勤務していた。ここ数年は，テスト等の記名欄から「男・女」をなくすための議論や，「ダイバーシティ」を意識した教職員の働き方改革の進推など少しずつ学校現場に変化が生じてきた。しかし，多様性という視点で考えた時，日常生活に関する生徒指導について，改めて考える必要性があると考えた。

　筆者がこれまで勤務した学校は，本校に比べるとかなり細かく指導事項が定められていた。年度当初の職員会議で読み合わせを行い，前年の課題に基づいて修正する。異動直後は，それらを理解するまでに時間がかかったものであった。認識不足によって教員間で指導にずれが生じた時は生徒・保護者から苦情が出ることもあった。そのような状況を振り返ると多様性というよりも画一的な指導を第一にしていたと思う。

　例えば，「マスクは白限定」，「ツーブロックは違反」などの指導は当たり前のように行っていた。毎週の集会時には，整列している生徒一人一人の横を通って髪形をチェックしたり，髪が肩よりも長い女子に髪を結ぶように指導したり（その際のゴムも黒または紺という決まりがある），学校の決まりを守れない生徒との戦いのような毎日であった。違反が多ければ，他の教員から「内藤先生の学級の生徒は，○○ができていませんね。担任の指導を徹底してください。」などの指導を受け，反対に自分が若い教員にそのような指導をしたこともあった。生徒から，「なぜ，この髪型では

いけないのか？」という質問もあった。そういう時の答えは申し合わせで決まっている。「それであなたは面接に行けますか？」である。中学校の卒業時の状況こそが理想であり，その姿に根拠を求めて指導をするのである。もちろんそれですべての生徒が素直に従うわけではなく，悪態をつかれたり，暴言を吐かれたりしたこともあったが，「面接に行ける生徒の育成」は，心が折れそうな教員の信念を支える言葉にもなっていたのである。しかし本校に着任して，自分のこれまでを振り返ることになった。

## 多様性が自立心と責任感を育てる

　話を本校の日常生活に戻そう。着任後，初めて生徒の姿を見たときに，様々な髪形，制服の着こなしが眼前に広がり正直なところ「規則が緩い学校だな。」と思った。これまでの勤務校が特別厳しい生徒指導学校だとも思ってはいなかったが，今後の自分の生徒たちの日常生活への向き合い方に戸惑ったのも事実である。他の教員に疑問を投げかけると「多様性の尊重」という答えが返ってきた。本校には様々な背景の生徒がいること，校則がないことが生徒の主体性を育成するということである。これまでの指導体制とは大きく異なる理念であり，着任当初は半信半疑ではあったが，生徒たちの生活を見て，少しずつ自分の認識が改まっていったのである。

　第一に，自分自身が生徒にこれはダメだ，という指導をすることがほとんどなくなった。何しろ根拠となる指導項目がないのだから，指導の必要はない。確かに他の中学校からもみれば「緩い」と言われることもあろう。しかし，大切なのは生徒の見た目ではなく，「人を見た目で判断しない」生徒の育成なのだと思うようになった。

　第二に，校則を根拠に指導をし続けなくても，生徒は自らよりよい学校生活にするために，様々な工夫を考えるということに気付けたことであった。例えば，本校の制服は，男子はネクタイ・スラックス，女子はリボン・スカートとなっているが，これらを選択可能にしたいという提案があった。まだ議論の段階とは言え，現在あるいは将来入学してくる生徒たちのために「多様性」を根拠として提案していたことに驚かされた。これは一例だが，校則による秩序よりも生徒の多様性による集団づくりを考えた方が，生徒の自立心と責任感を育てることにもなるのだと確信した。

　本稿はこれまでの筆者の経験してきた生徒指導を全否定するものではない。学校の実態として必要な指導であったと思うが，多様性という視点で改めて見た時には，例外をつくることを恐れるような消極的な指導であったと言わざるを得ない。

　しかしながら，本校にも課題が残されている。本校が目指す「多様性」の理念が生徒全員には十分に理解されていないということである。例えば，本校を校則の緩い学校だと筆者に言っている生徒もわずかにいる。何でも許されることが多様性ではないことに気付かせることが必要である。今後も，真の意味での多様性の理解の実現に向けて，教職員一同，生徒ともに取り組む必要があると考えている。

（文責：内藤　圭太）

# 多様な考えを「まず，認め合う」文化

　中学3年になると，誰もが進路選択に思い悩みながら学校生活を送る。高校のカリキュラムに魅力を感じる人もいれば，部活動に情熱を燃やしたい人もいる。体育祭や文化祭で青春を謳歌したいと思うこともあれば，自宅からの登校時間を重視する考えもある。進路選択は人によって優先する規準が当然異なるので，まさに多様な考えが飛び交う。本校は，東京都はもちろんのこと，埼玉県，千葉県，神奈川県と1都3県から生徒が登校してきていることもあり，より一層多様な考えに直面する。そうした環境で進路学習を進めている中，本校の文化とも言えるであろう，生徒たちの多様な考えの受け止め方の特徴に気付いた。それは，他者の考えを「まず，認めよう」とする姿勢である。なぜ，そのような考えに至ったのか根拠を明確に聞き取ることや，自分の考えとの比較を通して，相違する部分を参考にしようとするなど，まずは建設的なコミュニケーションが行われる。多様な考えが共有される時，自分の考えを主張したい，通したいという気持ちから，何よりまず他者の考えに対して批判的思考が優先的に働くことはよくあることだろう（もちろん，批判的思考が重要であるということは大前提である）。進路学習の時間，ある生徒に「まずは，友達の意見をしっかりと理解しようとする姿勢が良いね」と話したところ，生徒は「私は東京で，学校も近い。友達は埼玉だから，今も学校に1時間くらいかけて来ている。そもそもの環境

図1

が自分と違うから，そういった人の意見を取り入れないと，自分の考え方は広がらないし，客観的に見ることもできない」という答えが返って来た。1都3県から集まる本校の環境が，生徒にとって自然と多様性を感じる場となっており，多様な考えを受け入れながら自分の考えを創り上げていくという文化が培われているのだと実感した。

　そのように考えると，教科の実践において，議論を行う度に盛り上がることも合点がいく。中学3年になると，50分間活発な議論が続き，進路学習と共通して，他者の考えに興味を持ち，自分の考えと比較しながら思考していく姿が見られる（図1：理科の実践においてグループで議論をしている様子）。やはり，建設的な対話から入り，徐々に批判的な視点へと変更していくのである。図1の実践では，「様々な人の立場からエネルギー問題を捉え，エネルギーに関する共通ルールを制定しよう」というテーマで実践を行なったものである。本書では，多様性に関する各教科の実践が紹介されているが，多様な考えを「まず，認め合う」という視点から事例を1つ紹介させていただきたい。Aさんは，今後考えられるエネルギーに関する問題について，「日本は資源が少ないため，エネルギーを今よりも使わないようにすべきである」と考えていた。実践では，「エネルギー専門の研究者」「工業従事者」「資源が大量にある国の人」など役割を決め，その人になりきって議論を進め，議論後にエネルギーに関する問題をどのように捉え直したかを記述させた。Aさんが記述したものを図2に示す。最初の考えから大きく変化が見られ，異なる立場の人から提案される多様な考えを「まず，認め合う」一文からはじまっている。

『今の環境と経済をうまい具合にてんびんにかける必要がある』

　推察するに，Aさんは多様な考えを受け入れる中で，まず多様な考えを認める視点として「環境」と「経済」に注目し，そこから自分なりの解決策を創り上げていったのであろう。このような実態を見る中で，「まず，認める」という過程は，多様性を活かす教育において重要な資質・能力であると実感する。本校の環境において，自然と培われていくこの文化を大切にし，今後も教育活動に勤しんでいきたい所存である。

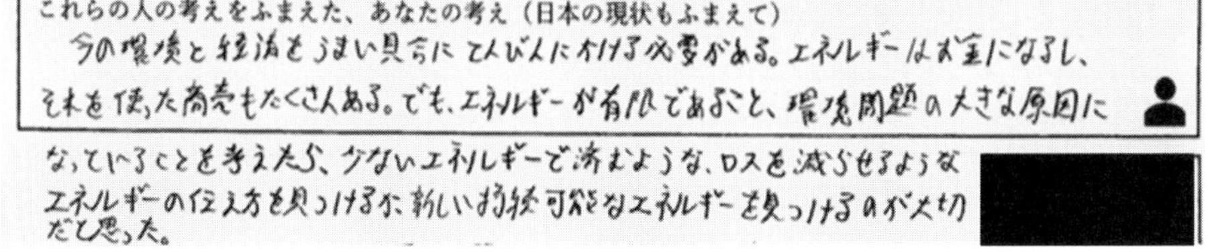

これらの人の考えをふまえた、あなたの考え（日本の現状もふまえて）
今の環境と経済をうまい具合にてんびんにかける必要がある。エネルギーはお金になるし、それを使った商売もたくさんある。でも、エネルギーが有限であることと、環境問題の大きな原因になっていることを考えると、少ないエネルギーで済むような、ロスを減らせるようなエネルギーの使い方を見つけたり新しい持続可能なエネルギーを見つけるのが大切だと思った。

図2

（文責：中込　泰規）

# diversity から diversify へ
## ―想定しなかったことに出会うということ―

────────┤ 多様性を理解するイメージ図 ├────────

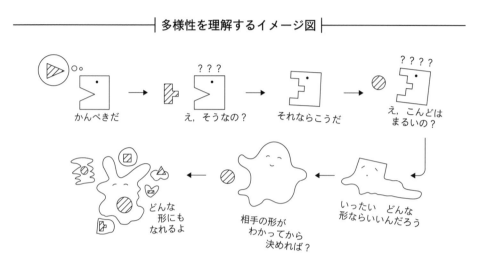

**Before**　「自分と違う何か」を想定し，それに対応しようとする。

**After**　　想定していなかったものに出会った時に自分がどうなるかを考える。

## ねらい（養護実習における「目標」）

● 児童生徒の理解とかかわり→子供の発達段階と個人差の理解を深める。
● 生活指導と児童生徒理解→生活場面での児童生徒とのかかわりを学ぶ。
● 実習における研究的態度→自己の健康観・養護観を具体化する。

## 多様性を理解する視点

● 他者を理解しようとする姿勢
→自分の考えや意見を相手に伝えるとともに，それぞれの個性や立場，見方や考え方
　があることを理解し，寛容の心をもって謙虚に他に学び，自らを高めていくこと。
● 共存と共生
→自分とは違う何かを嫌悪したり排除したりせず，共にあることを良いことと捉える

　こと。

● 自己理解

→想定し得なかった出来事に触れた時の自分を振り返り，態度や思考を再検討すること。

# 実践の流れ（4 週間の養護実習において）

## はじめに

　本項は，竹早中学校で行われた養護実習（本学の養護教育講座 3 年生の基礎実習及び看護系大学の 4 年生の養護実習）での取り組みである。本項の「ねらい」は，養護実習での評価基準を用いた。

　保健室を訪れる生徒は，心身の問題を個々に持っている。養護教諭はその個々の辛さや痛みと丁寧に向き合うことが求められる。平均的な生徒の姿を基準としつつも，そこに戻すことだけを目的としない。生徒の持つ多様さが多様なままに育つよう支援を行う。多くの場合，生徒の心の問題も身体の変調として保健室に持ち込まれる。生徒自身も自分の本質的なニーズが何なのか自覚していない場合が多い。そうしたひとつひとつをケアすることを通して，生徒と交流を深め，信頼を形成していく。養護実習生は，ケアの方法とともに，生徒のニーズの表出の仕方を学ぶことになる。

## ①「個別に生徒と交流を持つ」

　実習生は最初の数日間は養護教諭の対応を観察し，同じ訴えであっても生徒によって対応が違うことに疑問を持ち，その理由を考える。「○○さんはベッドで休ませたのに，△△さんは授業に戻したのはなぜですか？」「絆創膏を貼ってあげる場合と，貼るように本人に指示する場合があるのはなぜですか？」など素朴な疑問が投げかけられるため，それについて，生理学的な根拠とともに，その生徒の背景や既往，今，身につけてほしいと思っている力についてなど，ケースごとに判断理由の説明をする。

　次の段階では，実習生自身が生徒の訴えに応える。実際に生徒の訴えを聞き，ケアをしていく中で生徒の個性に触れ，そのニーズに教員として応えることを経験する。怪我の手当てをしている間に，学級での友人関係の話を聞いたり，テストについての不安を聞いたりと，体をケアすることを端緒に，生徒と交流できることを実感する。また，根拠のあるケアを提供することで信頼を得，相談相手に足ると生徒に思ってもらうことにつながる体験をすることも，この段階で大切なことである。

## ②「生徒の内面に触れるための準備」

　本実践では，対話の前段階として，生徒と実習生と養護教諭の三人で打ち解けた時間を持ち，信頼感を醸成することを心がけた。その時間の中で，実習生も学びの途中であることや，中学生時代の悩みなど，実習生自身による自己開示も促し，話す側の

葛藤や戸惑いなども言語化して意識できるよう準備をした。

　このケースだけでなく，常に，生徒と対話する時の注意事項は「あなたの話が聞きたい，という姿勢を示すこと」「否定しないこと」「解決しようとしないこと」「また話したいと思えるような終わり方をすること」である。守秘義務については特に慎重を期す一方で，生徒と二人だけの秘密としないことについて実習生と確認している。

　対象となる生徒は，すでに保健室で養護教諭やスクールカウンセラーに自分の内面について話すことを経験しており，それを話せる相手を増やしたいと生徒自身が思っている段階であった。その生徒が持っている悩みは，自らのセクシャリティに関することであり，生徒が自らの話を実習生にするかどうかは生徒に任せた。

### ③「生徒と対話する」

　このケースの生徒は人懐っこく話が好きで，他愛ない話を楽しむことができる。一方的に話しがちではあるが，個々の会話や対話を正確に覚えており，振り返った時に，その時なぜそういう話になったか，どういう気持ちだったかを説明することができる生徒だった。実習生との対話については，後でたずねたところ「自分から，話を聞いてもらおうと思って話した」とのことだった。「相手がどういう反応をするか心配じゃなかった？」と聞くと「ある程度は覚悟していたし，言いふらしたりはしなそうで大丈夫と思った。あと，期間が決まっているから。」と答えた。実習生がたとえ望ましい反応をしなかったとしても，今後会うことはないと考えたそうだ。「話してよかったと思う？」との質問には「あんまり変わらなかった。嫌な思いをしなかったから良かったんじゃないですかね」と答えた。

### ④「生徒との対話から自らを振り返る」

　生徒との対話を終え，カンファレンスで実習生が最初に語ったのは「ジェンダーについて学んでいたし，そういったことを聞いた時にどうするか考えていたはずなのに，考えていた振る舞いができなかった」ということだった。「どういう風にするつもりだった？」とたずねると「辛さを聞いて共感したり，そのままでいいと伝えたりするつもりだった」との答えだった。それが全くできなかったわけではない。「話してくれてありがとう」や「また話を聞かせてね」といった言葉かけはできたという。自分が想定していたよりも動揺した，と実習生は感じたそうだ。日誌には「LGBTQについて理解を求められ，重視されつつある社会の風潮の中で，当事者に出会ったときにどのような反応や態度をすべきかについて課題に直面したように感じられる。」という記載があった。

　実際には，この生徒は現代社会に対して違和感を持ってはいるものの，自分のセクシャリティを否定しているわけではないので「そのままでいい」という言葉かけは多少的を外したものである。実習生がこの言葉かけをしようとしていたのは，LGBTQ

に対して「そうである自分を卑下したり否定したりする」と考えていたからではないだろうか。もちろんそういうケースも多く，その視点を忘れてはならないが，実際に目の前にいる人がどうなのかは常に意識する必要がある。

## 本実践のふりかえり

　日誌に「今回の生徒も生活のしづらさ，息苦しさを感じていたのだろうかと改めて振り返るきっかけにもなった。」とあることから，生徒は自らの苦しさについて語ったわけではなく，単純に“自分”について話したのだということがわかる。これを踏まえて実習生の想定した対応を見直すと，想定では，「LGBTQ（ジェンダー問題も含む）について語ることは当事者にとって辛さを表明するもの」という前提に立っており，今回はそこに齟齬があったため想定通りの対応ができなかった要因のひとつと考えられる。

　このケースの実習生は慎重で様々なことを多面的に考えることができる学生だったため，生徒のセクシャリティというデリケートな事柄に触れる可能性のある場面を設定できたが，すべての実習生に対して同じことができるわけではない。また，このケースにおいても生徒が話さなければセクシャリティに関する対話は実現しなかった。実習内容としては再現性の低い個別の実践と考えるべきだろうと思う。

　「辛さに寄り添う」は看護や養護においてはごくベーシックな姿勢であり，そのふるまいや言葉かけはある種のセオリーがあると言っても過言ではない。まずはそれができなければ次には進めないが，生徒の多様性を考える時，セオリーだけでは行き詰まってしまう。セオリーが使えない時，自分はどうなるのか。経験を積めば想定できないことは減っていくが，どれだけ経験を積んだとしても，想定し得ない事柄は起こる。想定は必要であるが万能ではない。

　実習生は，このケースにおいて「想定しなかった自分の動揺」に出会ったのだと思う。それを受け入れて理解し，変化すること，次の「想定しなかったこと」に出会った時に恐れずにそのことと向き合い，また変化していくことが，今後も様々な場面で求められるだろう。生徒の多様さに向き合うためには，教師もまた自らが多様化することを目指す必要があるのではないだろうか。

**生徒が実習生の作った掲示物で遊ぶ様子**
（本実践とは関係ありません）

# Ⅲ

## 考察・展望編

# 「竹早」×「多様性」の現在と未来のあり方
## ―竹早中学校の教育実践を多様性の観点から見つめ直す―

**鼎談者**

多田　孝志（目白大学名誉教授・金沢学院大学教授
　　　　　　日本学校教育学会会長・学習スキル研究会代表）

勝岡　幸雄（東京学芸大学附属竹早中学校　前副校長）

森　　顕子（東京学芸大学附属竹早中学校　副校長）

（ファシリテーター）小岩　大（東京学芸大学附属竹早中学校　研究主任）

　金沢学院大学教授の多田孝志先生をお招きし，竹早中学校の教育に 30 年以上の長きにわたり携わってきた二人の教諭と「多様性」をテーマに鼎談をしました。竹早中学校でこれまで実践されてきた教育を「多様性」という切り口で見つめ直した時にどのような示唆が得られるのでしょうか。三人の教育者による鼎談の内容をお届けします。

・・・・・・・・・・・・・・・・・・・・・・・・・・・・・・・・・・・・・・・・・・・・・・・・・・・・・・・・・・・

（勝）よろしくお願いします。まずは私から。私は 35 年前に竹早中に赴任してきました。当初は，附属校ということもあって，地域性がないことに危機感をもった覚えがあります。しかし，その代わりに個人を意識する子どもたちが多かったように思います。それは，先輩への憧れだったり，相手を受けとめて理解しようとしたり，自分自身を高めようとする力として表れていたように感じましたね。

生徒の点描写による作品を指し示しながら

（森）私は 36 年竹早中に務めています。自分が生徒だった頃の三年間も足すと更に増えますね。竹早中の子どもたちの半分は，内部の竹早小学校から進学してくるので，むしろ「竹早の子ども」という独自の地域性をもっているな，と私は感じていました。たとえば，竹早地区では昔から「合同授業」という形で，小学生と中学生，幼稚園生と中学生といったように校種を超えてともに学び合う授業実践を行ってきています。そうすると下の立場で経験してきている子どもたちが，成長して中学生になると今度は上の立場として

昔の経験を活かしながら下の子たちをリードしていく姿が見られるようになります。竹早の幼小中連携カリキュラムで育った子どもたちはそういう意味での「地域性」を形作っているように思います。

---

この後，勝岡先生からは理科で「紙オムツは必要か？」をテーマに探究学習した実践の，森先生からは小・中合同で行った「枕草子」実践の紹介がありました。勝岡先生の実践では，紙オムツの是非について，理科的な視点だけでなく社会的な視点，親子の関わりを含めた心理的な視点も含めて多様な視点から生徒たちが「価値を問う」学習を展開したことが説明されました。森先生からは，「枕草子」の序段「春はあけぼの〜」を味わった後に，小学生と中学生がグループになって，自分たちにとっての「春」を話し合って作り上げた合同授業での子どもたちの姿が説明されました。

---

（多）先生たちのお話を聞いていて思ったのは，一つには「多様性」の概念を拡げているってことなんだよね。「多様性の科学的な側面」，「多様性の芸術的な側面」，「多様性の直感的な側面」という複数の側面を取り入れて，学びの中に多彩な「多様性」が表れてくる。さらにその学びの中には「人の多様性」もあれば，

「探究方式の多様性」という要素も含まれている。それが面白いよね。

（多）私が考えているのは，「多様性」というのは「効率性」や「合理性」とは正反対に位置するものだということなんです。「多様性」が教育の中にあれば「混沌」が生まれる。そこには体験の多様性や，価値観の多様性がある訳だけれども，大事なのは，「混沌」が生まれた後で，どうすれば新しい叡智が生まれるか。そこだと思うよね。

（勝）おっしゃる通りで，生徒たちが「ああだ，いやこうだ」と本気で言い合った後で新しいものが見えてくることはありますね。

（多）誤解されそうな言い方だけど，「教育から無駄をなくすな」ってよく言うんですよ。それは，「無駄」というのが実は多様性にとって重要な要素だからであって，無駄や混沌があってこそ多様な学びが生まれてくると考えてるんです。

（勝）私は子どもたちによく「教科書頭になるな」と言うんです。それは「教科書に載っていることだけを覚えて知識が付いたと思うな」ということで。よく「想定外」という言い方があるけど，「想定外と言わせないぞ」という学習の仕方ができるとい

いよね，と。例えば「磁石と電磁石の法則」が分かればモーターの作り方が分かるようになる。これは理科だけでなく，いろいろなところで使えるんだよね，思考の仕方を大事にしてほしい，と伝えるようにしているんですけども。

（多）つまり，思考方式を多様にもたせる，っていうことですね。多様性っていうのは。感覚的多様性も論理的思考の多様性も掛け合わせてやると。竹早では，子どもの実態から教育を考えていくのが面白いよね。

　で，竹早では子どもの発言や行動の中から非常に広く多様性というものを見出してきた訳だけど，そこから学びの中にどう拡げていくかを考えていくには混沌というものをどう位置づけていくかが重要になってくると思う。言いかえれば，多様性を活かして新しいものを生むには混沌が大事だっていうことなんだよね。

　あとは，ガードナーが言うように子どもの「8つの才能」だったりとかね，「MI理論」なんていうこととも関わってくることだけど，竹早でも子どもの見とりをいろんな切り口からやってるよね。「子どもを見とる視点」とかあったでしょう。そういう見方で子どもを広い視点で見てあげないと，小さくまとまった子ばかりになっちゃうよね。

（勝）それは，教師の側からの価値付けが重要と教える側から見て考えていいんでしょうか？

（多）うーん。それはどうなんでしょうね。難しいですけど，竹早のこれまでの研究との関わりでみるとどうなるんですかね？　つまり，教師がいろんな子どもの見とりの価値観をもっているということですか。

（勝）たとえば，誰か子どもが一人意見を言ったとする。ちょっと周りと考え方が違うけど，それを教師が「それはちょっと違うね」と言うのか，「こういう視点でも物事を考えられるよね」と言うのかで変わってくると思うんです。そういう風に価値付けをすることで，周りの子どもたちも「こういう考え方もいいな」っていうふうになるんじゃないかと…。

（多）もしも多様性ということで考えるならば，教師が「多様性ってこういうことがあるんだよ」って示してあげることが必要だと思うんですよね。で，それを直接的に言う方法と，モデリングのように誰かが言った時に「ああ，それは感性の面でいいんだね」って言ってあげる方法もある。その両面があると思う。

（森）それってやっぱり教師が見とるというか，子どもが全く別の視点で話をして「それって違うんじゃないか」となった時に「今のは，こういう側面から見てくれたんだ。だからこういう見方になったんだよね」って説明してあげることも必要になる

んじゃないかと思いますね。

（多）そうですよね。森先生はよく分かってると思うけど，常に見方を拡げていくことを意識しながら。でも，それをしょっちゅうやっちゃうと真っ当な意見じゃダメなのかって話になっちゃうから。

（森）それは真っ当な意見を示しながら，やっていくべきだと思いますね。

それは学習の中心ということでもある訳だから。

（多）たとえば，大学生でも堅苦しい考え方しかできないことが多いんですよ。だから「弁当が良いか給食が良いか」って考えさせたり，「登校途中の学生の様子で悪いことはどんなことでその解決策は？」なんて考えさせたりして，物の見方や考え方のトレーニングをしています。今の子どもたちには，ある程度そういう視野や認識を拡げるトレーニングをしてからダイバーシティーに入っていく必要があるんでしょうね。

........................................................................

　　ここでファシリテーターから，「これからの多様性が前提とされる社会で必要な力・求められる力は何か」という話題の提示がありました。

........................................................................

（多）不条理や想定外の状況におかれた時の臨機応変な対応力ですね。それから，多様な知識や体験をまきこんで新たな叡智を作り上げていく力。あとは，総合力，統合力，提言力が大事ですね。今は，勉強から学習へ，そして学びへって言ってるんだけど，学習っていうのは一般的に教科の内容を習得することを指していて，学びはもっと広くて，人間性とか，粘り強さとか，その類ですよ。多様な見方とか。

（ファ）今，多田先生からこれからの社会に求められる力みたいなものを教えていただいたんですが，勝岡先生はこれからの竹早や竹早の子どもにこういう風になってほしいといったものはありますか。

（勝）先ほど話したんですが，やはりリーダー。責任をもって仕事でも何でも物事に取り組む姿勢を持てるように成長してほしい。

（多）先生は真のリーダーってどういうことをイメージされてるんですか。

（勝）今言ったようにリーダーってやっぱり責任がある。人のために頑張れる。だからお金を稼げるとかそんなんじゃない。責任あることは失敗したら大変なことになる。だから，深く考える。これで本当にみんながやっていけるかどうかっていうようなことも含めて。これからそういうリーダーが必要になっていく。

（多）命令するんじゃなくてみんながやりやすい状況をつくるリーダーってことね。

（勝）リーダーっていうと独裁的になったり金儲けがうまかったりというイメージがあるかもしれないけど，でもそれでいいのかという問いが自分にはある。コロナ禍で子どもたちはテレビとかマスメディアに世の中があおられているのを見ると感じるものがあるのでは。また，去年の卒業生が答辞で，教科書頭になりません，と話してくれてうれしかった。そういうことを意識して頑張ってくれる子どもが増えていってほしいですね。

（ファ）竹早中学校にどういう教育を期待しますか。先生方でも学校全体でも。まず，勝岡先生。

（勝）まず多様な見方ができる教員が子どもたちに示してほしい。ある面，子どもは経済的に豊かだったり満たされているけど，それで全てをわかっていると思い込んでいるところがある。CCSS（東京学芸大学パッケージ型支援プロジェクト）の子がうちに入ってきて，飛行機に乗ったことがない子がいた。それでも子ども同士で知らない世界を会話できている。それが本当にうれしかった。受け入れながら仲良く話している姿を見て良いなぁと思った。そういうことがこれから必要になってくる。自分の世界がすべてではない，いろいろな立場で生きている。それはだめだとか良いとかではなく，たまたまそういう環境で生きてきた子どもたちが，竹早でそういう会話ができることがうれしい。そういうふうに影響を与えられる先生たちが増えていくと良いなと思っています。

（森）私はやっぱり美しい日本語の遣い手になりたい，というのが将来の目標なので。だから言葉に携わるものとしては，美しい言葉を使えるような人になってほしいですね。それと言うのも，言葉っていうのは，その人の人格すべてを背負って出るものだと考えていくと，美しいものを美しいと言える，そういう子どもたちになって欲しいと思うんですね。それは，ある意味押しつけになってしまうのではないかっていう考え方もあるんですけれども，でも，いろいろ示してあげることって私は大事だと思うんですね。

（多）いや，導きって大事なんですよ。

（森）そうすると，教師がやっぱりいろんな引き出しを持っていなければいけないので，そういった意味では，先生方にもっといい，自分に自信を持てる，そういう専門的なものをもっと磨いていっていただきたい。磨いたうえで，子どもたちにどうだ，って見せて欲しい。ダーッとバケツの水をね，ひっくり返したって子どものお猪口の中にはちょっとしか残んないんだけど，そこに残ったものってすごく貴重だと思うんですね。だから結局，教師が学んでいく，そして学んだものを子どもたちに示していく。そういう教育をしてもらえるといいなというふうに思います。

（ファ）不易と流行ということで何かお考えがあれば，教えてください。

（勝）僕らはもう年寄りだから（笑）。「老兵は語らずただ消え去るのみ」なんて思ってましたけど，なんていうか若いころは，やっぱり過去を強調するのは自分の中では違うかなと思ってるところもあった。これが良いよという答えはまだ出てないんで

す，多田先生に教えていただきたい。

（森）私もそうですね。ただ，肌感覚として，「一斉授業はもう古いんだ，何でもかんでもアクティブ・ラーニングだ」みたいな，そういう時期がありましたよね。でも，やっぱりそうじゃない。一斉授業をすることによって，やっぱり子どもたちに満遍なく，ある一定の知識が注入されて，これを踏まえてアクティブ・ラーニングなんだ，と私はすごく思ったんですね。「もう何でもかんでもただ話す授業は駄目なんですよ」っていうことは違うだろうなって。結構そういうことっていっぱいあるんじゃないかなって思ってるんです。

（多）まとめというより，思ったことなんですけど，ダイバーシティーを追求するとは何なのかっていうことですよね。「流行だからダイバーシティー」じゃなくて，やっぱりお二人が言ったように，至高なもの，高みのもの，美しいものという，その学びの世界をみんなで学ぶことによって，探究が生まれるんじゃないだろうか。つまり多様性を考えるっていうことは，素晴らしい世界を味わうためにやっているんだっていう，大きな位置付けは必要だと思うんですよ。「今，ダイバーシティーの時代だからやりましょう」じゃないんだよ。その中で言ったら，その多様性を活かすためには，多様性のとらえ方がこうで，そしてその多様性を子どもが本当に人間として，あるいは，この学びとして最高のものを求めてくるような，それこそ人生をまさに生きる力って，そういうものをやるためにはどんなことが必要なのかっていうことを，とらえていく必要があるんじゃないでしょうかね。

（ファ）今，ダイバーシティーのお話がありました。多田先生が思い描かれているこれからの多様性を大事にした学校教育というのはどういったものですか。

（多）何かうまく言えないけど，やっぱりいろんなやつがいろんなこと言ったら面白いなっていう感覚。簡単に言えば。俺もう 76 になったんだけど，現場の先生たちの話を聞くと面白いと思うんだよ。そういうのがなくなっちゃいけない。だから知的好奇心，吸収力っていうのを持った子を育てたいね。山に登って楽しい。高尾山に登って楽しい。次に富士山登って楽しい。そしたら世界の山はもっとすごいんじゃないかって思ってもらいたい。そういうような高みを目指していくことに喜びを感じる子どもたちがいっぱい育つのがいいと思うな。

（ファ）先生方，本日は非常に中身の濃いお話を，長時間にわたって本当にありがとうございました。

　これからの竹早中学校の目指す教育にとって大事な示唆をいただくことができました。

2021 年 11 月 5 日　竹早中学校校長室にて

# あとがき

　多様性の教育の一つの立場として「多様性を理解する」「多様性を活かす」を示し，それに基づく授業を提案しており，ここに本研究の独自性と新規性，意義があると考えていると，令和2年2月に行われた公開研修会でお示ししました。以前より，現代は変化の激しい時代であり，やがて，その変化は急速に進み，現存しない仕事に就いたり，開発されていない技術を使ったり，これまで直面しなかったような問題を解決したりすることが求められるといわれてきていた中でのことでした。まずは緒に就くことが肝要であるとして研修会を行ったのですが，まもなく世界は一変しました。まさに，「先行き不透明で，予測困難な未来」を現在進行形で生きていくことになったのです。コロナ禍に強襲されて2年が経ちましたが，私たちは，教育を行う上での不易と流行を早急に見直すことを，しかも事柄を進めながら行っていくことを余儀なくされてきたといえます。

　本校では，教育指針に基づいた大きな目標として，「多様性を認め，他者を受容し，尊重，共生できる生徒」の育成を目指しています。「多様性」に対応する能力が未来においては必要であること，グローバル化がさらに進むこれからの社会では，さまざまな文化や価値観，言語や行動様式をもった人々と共生することが求められると考えられます。多田先生は，多様なもののぶつかり合い，ズレの活用から生ずる，混乱・混沌を経て，深い思考をもたらし，新たな智慧や解決策を共創させていくとしており，この中で，新たな知的世界を拓く楽しさこそ多様性を活用した学びの楽しさであると述べられています。多様性に対応する力を具体的に検討し，それをいかにして育むのかを追究することは，多様化する未来を志向した教育を考えていく上で重要な課題であるといえます。

　次に，本校はもともと多様な出自の生徒による，いわば多様性の土壌をもっているということです。さらに，30年あまり幼小中連携教育研究に取り組み，これを土台として，異校種の交流や合同授業を盛んに行い，多様な子どもと多様な学校文化の中で，よりよい連携教育をどのように創っていくかを研究してきたという長い伝統があります。

　本校の根幹に関わる研究が，未来に向かう教育研究の一隅を照らすことができれば，その灯火が集まることで混迷の時代の未来を明るく照らしていくことができると信じています。最後に，全体講師として常に本校の研究を支えてくださっている多田孝志先生と，本研究に携わってくださっているすべての皆様に，心より感謝申し上げます。

東京学芸大学附属竹早中学校副校長

森　顕子

120

# 執筆者一覧

| | |
|---|---|
| 石戸谷浩美 | 上園　悦史 |
| 浦山　浩史 | 荻野　　聡 |
| 小野田啓子 | 金枝　岳晴 |
| 金子　真也 | 神澤　志乃 |
| 菊地　圭子 | 小岩　　大 |
| 小林　拓哉 | 齋藤　貴博 |
| 佐々木陽平 | 杉坂　洋嗣 |
| 清和　隼弥 | 塚越　　潤 |
| 内藤　圭太 | 中川千香子 |
| 中込　泰規 | 中野　未穂 |
| 藤本光一郎（校長） | 堀内　　泰 |
| 松津　英恵 | 森　顕子（副校長） |
| 八坂　　弘 | 横山　　晶 |

# 研究協力者

勝岡　幸雄（前副校長）

多田　孝志（目白大学名誉教授・金沢学院大学教授）

（令和 4 年 2 月現在）

## 「竹早」×「多様性」でえがく未来
## ～多様性を理解する、活かす教育実践～

2022（令和 4）年 2月18日　初版第 1 刷発行

編著者：東京学芸大学附属竹早中学校
発行者：錦織圭之介
発行所：株式会社 東洋館出版社
　　　　〒 113-0021　東京都文京区本駒込 5-16-7
　　　　営業部　TEL 03-3823-9206 ／ FAX 03-3823-9208
　　　　編集部　TEL 03-3823-9207 ／ FAX 03-3823-9209
　　　　振　替　00180-7-96823
　　　　Ｕ Ｒ Ｌ　https://www.toyokan.co.jp

装　丁：中濱健治
印刷・製本：藤原印刷株式会社

ISBN978-4-491-04771-3/Printed in Japan